GU RATGEBER GESUNDHEIT

DR. MED. HELLMUT LÜTZNER
HELMUT MILLION

Richtig essen nach dem Fasten

- Mit neuem Schwung in die Nachfastenzeit
- Rezepte für Frischkost und Vollwerternährung
- Speiseplan für die Aufbautage

G|U

Inhalt

Dank

Autoren und Verlag danken Christa Lützner und Theresia Million sowie allen Mitarbeitern der Kurpark-Klinik, die bei der Entstehung des Buches mitgeholfen haben.

Wichtiger Hinweis

Selbständig fasten dürfen nur wirklich gesunde Menschen. Wenn Sie sich insoweit nicht sicher sind oder sich in ärztlicher Behandlung befinden, sollten Sie zunächst Ihren Arzt befragen.
Wenn Sie chronisch krank sind, Medikamente nehmen, sich nicht gesund fühlen oder wegen unklarer Beschwerden in ärztlicher Behandlung stehen, so dürfen Sie nicht selbständig fasten. Sie sollten sich einer Fastenklinik anvertrauen.
Auch sollten Sie einen fastenerfahrenen Arzt aufsuchen, wenn während des Fastens oder in der Nachfastenzeit ungewöhnliche Beschwerden auftreten.

Ein Wort zuvor

Nach dem Fasten steht jeder vor dem gleichen Problem: Mit der ersten Mahlzeit beginnt die Auseinandersetzung mit dem Essen von neuem – mit dem richtigen oder falschen Genießen, mit sinnvollem oder sinnlosem Trinken, mit all den kleinen und großen Gelüsten, schließlich mit dem wieder ansteigenden Gewicht, dem neuerlichen Auftreten von Unbehagen.

Im Fasten haben Sie neue Erfahrungen mit dem Essen und dem Trinken gemacht. Sie haben entdeckt, daß Sie sehr gut über einen längeren Zeitraum ohne »richtige« Nahrung auskommen können.

Neue Erfahrungen durchs Fasten

Sie haben erfahren, wie wohltuend eine einfache Gemüsebrühe sein kann, wie das reichliche Trinken Hungergefühle besänftigt und wie wohl Sie sich in solch einer Zeit der Beschränkung fühlen. Beim Fastenbrechen stellen sich neue, wichtige Erfahrungen ein: etwa beim intensiv genossenen ersten festen Bissen – wie gut so ein Apfel schmeckt, wenn man ihn wirklich bewußt und langsam verzehrt; wie schnell sich Sättigungsgefühl und Befriedigung einstellen, solange wir mit aller Aufmerksamkeit und mit Dankbarkeit essen.

Mit jedem Essen nach dem Fasten werden wir aufs neue in Gefahr gebracht, in alte Eßgewohnheiten zurückzufallen.

Eine Chance, alte Gewohnheiten zu ändern

Wer nicht so weiterleben will wie bisher, hat jetzt die Möglichkeit, sein Leben zu ändern. Ein Blick auf neue Rezepte allein genügt jedoch nicht – wer die Chance nach dem Fasten wahrnehmen will, braucht mehr Wissen um Zusammenhänge.

In diesem Buch erläutern wir deshalb genau, was unter *richtigem* Essen zu verstehen ist – wie dazu sowohl das Eßverhalten als auch die Art der Nahrung gehören. Sie finden für die Aufbautage neben Speiseplänen und Rezepten auch Übungen und Anregungen für das bewußte Essen im Aufbau; wir geben Rat und Unterstützung für das Verhalten in der Nachfastenzeit sowie Empfehlungen für die Integration des Fastenprinzips in den Alltag. Schließlich stellen wir die Vollwertkost vor, bieten Tages- und Wochenpläne für den Einstieg in eine vollwertige Ernährung an und dazu eine Fülle leicht nachvollziehbarer Rezepte und hilfreicher Tips, mit denen gesunde und köstliche Gerichte auch ungeübteren Köchen problemlos gelingen.

Über Ernährung und Eßverhalten

Wir sind uns bewußt, daß in der Welt, in der wir leben, durchaus nicht alles in Ordnung ist – und daß unser Essen und Trinken damit zusammenhängt. Es stellt sich vor allem die Frage: Was bedeutet *richtig* in bezug auf Essen?
Die Frage ist doppelsinnig; sie kann entweder verstanden werden als *Ich möchte das Richtige essen* oder als *Ich möchte richtig essen lernen.*
Es ist wichtig, daß wir uns beide Fragen beantworten.
Was und wie wir essen, beeinflußt ganz entscheidend unser Wohlbefinden; wer richtig ißt, wird jede Mahlzeit genießen und sich gesund, fit und leistungsfähig fühlen.

Das Richtige essen

Von der natürlichen Nahrung zur Zivilisationskost

Vor mehr als fünfzigtausend Jahren mögen unsere Vorfahren Jäger und Sammler gewesen sein und sich überwiegend von Fleisch ernährt haben. Allmählich wurden sie zu Ackerbauern, die zum größeren Teil von Pflanzen und Getreide, zum kleineren von Milch, Eiern und Fleisch lebten. Sie aßen das, was die Natur ihnen bot, verändert nur durch Kochen, Backen, Braten, haltbar gemacht durch Trocknen, Räuchern, Salzen und Einmachen. Getreide stand als ideale Naturkonserve zur Verfügung, die sich – luftig gelagert – jahrelang hält; Nüsse und Samen ebenfalls. Obst und Wurzelgemüse konnten in der Miete, einer Grube zur Aufbewahrung von Feldfrüchten, monatelang frisch gehalten werden.

Naturprodukte

Dieses bäuerliche System der Nahrungssicherung bewährte sich jahrtausendelang. Erst mit dem Beginn der Industrialisierung im 18./19. Jahrhundert änderte sich das grundlegend: Immer mehr Menschen zogen vom Land in die Stadt; dort hatten sie weder eigene Gärten noch geeignete Keller oder Mieten zur Verfügung. Nahrung mußte transportiert, gelagert und damit haltbar gemacht werden, Weg und Zeit von der Ernte zum Verbraucher wurden länger und komplizierter. Eine wachsende Nahrungsmittelindustrie bemühte sich um Säuberung, Sterilisierung, Verfeinerung und Schönung der Nahrungsmittel. Gipfelpunkt dieser Entwicklung sind heute die Supermärkte, die dem Kunden eine unüberschaubare Vielfalt von Eß- und Trinkwaren anbieten – für jeden Geschmack, in verführerischer Packung, in jeder Menge – bis hin zu Exotischem aus fernen Ländern.

Industrieprodukte

Spezialisten fanden im Auftrag der Lebensmittelindustrie heraus, wie sich Nahrung zu unbegrenzt lagerfähigen und geschmacksneutralen Produkten machen läßt: Man entfernte das Lebendige, das Verwesbare, alles, was faulen oder schimmeln kann. So kam man zum Auszugs- oder Weißmehl, zu gehärteten Fetten und hochraffi-

nierten Ölen, zu raffiniertem Zucker, zur ultrahocherhitzten Milch, zu chemischen Konservierungsmitteln und gefärbten Wurstwaren. Die Zivilisation schuf die Zivilisationskost.
Moderne Pflanzenzüchtung brachte ertragreichere Nutzpflanzen hervor; moderne Tierhaltung ermöglichte Mästungsmethoden, mit deren Hilfe mehr Fleisch, Geflügel, Eier und Milch auf den Markt kamen: billiger, zarter, weißer. Mit der Steigerung der Verkaufserträge durch Überdüngung und Kunstfutter wuchs die Anfälligkeit von Pflanze und Tier gegenüber Schädlingen und Krankheiten. Chemische Spritze und Medikamente wurden dort notwendig, wo man sie niemals zuvor gebraucht hatte.

Gesundheitliche Schäden

Wir wissen mittlerweile um die gesundheitlichen Schäden, zu denen wir mit dieser Form der Ernährung gekommen sind. Unbehagen hat uns erfaßt, die Ahnung, daß dies alles wohl nicht mehr richtig sein kann, weil wir uns zu weit von einer natürlichen Ordnung unserer Nahrung entfernt haben.
Wer aber lehrt heute die Mütter, Kinder und Enkel, wie sie sich gesünder, wie sie sich richtig ernähren sollen? Was können Lehrer weitergeben und Ärzte raten, wenn sie auf ihren Hochschulen so gut wie nichts von zweckmäßiger Ernährung hören? Soll man sich an Regeln halten, die von Reklamefachleuten und Verkaufsstrategen über Zeitung, Litfaßsäule und Fernsehen verbreitet werden? Wie steht es gar um die Kunst der Ärzte, wenn es darum geht, Gesundkost gleichzeitig als Heilkost zu sehen; ist ihnen die Forderung des griechischen Arztes Hippokrates (460 bis 377 v.Chr.) bewußt: »Eure Nahrungsmittel sollen Heilmittel, Eure Heilmittel Nahrungsmittel sein!«?

Die gesunde Ernährung

Der Natur des Menschen angepaßte Nahrung

Die einzige Möglichkeit, zu einer natürlichen Ordnung unserer Ernährung zurückzufinden, ist die Umstellung auf naturbelassene Nahrung, auf Vollwertkost – eine der Natur des Menschen angepaßte Nahrung; sie gibt uns die Sicherheit, mit allem Lebensnotwendigen versorgt zu sein.

Prinzipien der Vollwerternährung

Das Ganze ist mehr als seine Teile.
So naturbelassen wie möglich.
So rein wie möglich.
So frisch wie möglich.
Gesund vom Anbau her.

Gesund und fit durch die richtige Ernährung – das ist gar nicht schwierig, wenn man weiß, wie.

Für Kinder bedeutet Vollwerternährung einen gesicherten Aufbau von Körpersubstanz, die Stärkung der Widerstandskräfte, eine schnellere Wundheilung; besseres Konzentrations- und Lernvermögen.

Gesunde Kost ist auch Heilkost

Der Erwachsene verbessert – vollwertig ernährt – seine Leistungsfähigkeit; gesundheitliche Störungen und Stoffwechselkrankheiten werden mit Hilfe von Fasten und Vollwertkost abgebaut, vorzeitiges Altern wird verhindert. Im Kampf gegen Übergewicht sind der hohe Befriedigungs- und Sättigungswert der Vollwertkost unschätzbare Hilfen. Verloren geglaubte Geschmackswerte und Nahrungsinstinkte (Appetitstruktur) werden neu gewonnen, wodurch Rückfälle in falsches Eßverhalten immer seltener vorkommen.
Ähnlich wie Fasten und Heilfasten haben richtige Ernährung für den Gesunden und Heilnahrung für den Kranken die gleichen Wurzeln. Der Grund dafür, daß heute der Wirksamkeit der Heilnahrung so wenig Bedeutung beigemessen wird, ist Mangel an Wissen und Erfahrung. Wer die Erfolge des Heilfastens und der Vollwertkost als Heilnahrung erlebt hat, weiß, welche Möglichkeiten bisher ungenutzt blieben. Wagen auch Sie eigene Erfahrungen ebenso, wie Sie das Fasten gewagt haben. Mehr über die richtige Ernährung erfahren Sie ab Seite 61.

Richtig essen

Natürliches Eßverhalten

Tiere in freier Wildbahn fressen ohne Kenntnis von Ernährungssystemen stets das Richtige, dabei immer nur so viel, wie sie brauchen. Sie überfressen sich nie. Der Rhythmus ihrer Nahrungsaufnahme ist festgelegt. Zur Verdauungsarbeit legen sie sich nieder und ruhen. Nahrungssuche, -auswahl und -begrenzung sind im Gleichgewicht mit Körperform und Körperfülle.

Rhythmus der Nahrungsaufnahme

Wir essen – leider – fast immer zuviel und oft das Falsche; wir können die Instinktsicherheit wildlebender Tiere bei der Nahrungsaufnahme nur bewundern. Worin liegt das Geheimnis ihrer Innensteuerung? Bekannt sind drei Regelsysteme:

- Die der Art angemessene Nahrung wird durch die äußeren Sinne ausgewählt, durch Sehen, Riechen, Schmecken, Betasten mit Lippen und Zunge.
- Die Nahrungsmenge wird durch die Magenfüllung begrenzt – Nervenfühler melden eine Überdehnung: *voll*. Signale aus dem Sättigungszentrum des Mittelhirns zeigen an, wie lange der innere Nahrungsbedarf gedeckt ist: *satt*, und wann wieder Nahrung aufgenommen werden sollte: *Hunger*.
- Schutzreflexe bewahren vor der Aufnahme von falscher oder von zuviel Nahrung. Abneigung, Würgreiz oder Erbrechen schützen vor Unverträglichem, vor Giftigem. Völlegefühl, Appetitlosigkeit, Leibweh und Durchfall sind sinnvolle Körpersignale; sie führen zum Stopp der Nahrungsaufnahme; Ungenießbares oder Unverdaubares wird umgehend nach außen befördert.

Innensteuerung

Während sich bei Wildtieren diese natürlichen Regelkreise bis heute erhalten haben, gibt es beim Haustier bereits Instinktunsicherheiten: Der Hund, der nicht mehr laufen und jagen kann, überfrißt sich und wird dick. Beim eingesperrten Mast-Tier entgleisen die Regelkreise der Nahrungsaufnahme bis zur hemmungslosen Freßsucht: Das Wildschwein schnüffelt, wühlt, braucht alle Sinne, nimmt ruhig und stetig eine Eichel nach der anderen auf;

Instinktunsicherheiten

das Hausschwein bekommt in seinen Trog Fertigfutter, das es gierig verschlingt und wild gegen den Nachbarn verteidigt – Fressen und Überfressen sind da nicht mehr zu trennen.

Je weiter sich Tier und Mensch von ihren natürlichen Umweltbezügen entfernen, desto eher entgleisen naturgegebene Nahrungsregler.

Wenn das Eßverhalten gestört ist

Im Erbgut des Menschen sind instinktsichere Nahrungswahl und natürliches Eßverhalten zwar auch angelegt, durch unsere »moderne« Lebensweise aber verkümmert. Der Mensch kann gesammelt, maßvoll und diszipliniert essen, er kann teilen und danken. Aber er kann auch anders: hastig, schlingend, gedankenlos und nebenbei. So wird Essen leicht zum Fressen, zum wahllosen In-sich-Hineinstopfen.

Essen wird zum Fressen

Das Verlangen nach Süßem

Nehmen Sie an, es mangele Ihnen an der »Süßigkeit des Lebens«, an Herzenswärme, Zuwendung und Zärtlichkeit, an Liebe. Es verlangt Sie nach Süßem. Mit Kuchen, Eis oder Schokolade ist dieser Appetit schnell und bequem zu stillen. Was ist die Folge? Der von allen Bremsen (Ballaststoffen) befreite Zucker schießt viel zu rasch ins Blut – die Bauchspeicheldrüse muß viel Insulin ausschütten, um den anflutenden Zucker zu verarbeiten – überstürzt wird er abgebaut, bis zur Unterzuckerung des Blutes: Alarm – Mangel! Sie bekommen Hunger, Sie fühlen sich schwach und brauchen Hilfe; Ihr Körper verlangt erneut nach Süßem: Ein Stück Zucker, Dextropur oder Schokolade helfen schnell. Damit aber beginnt der Teufelskreis von neuem. Angetrieben wird er immer wieder durch das unbewußte Suchen nach der Süßigkeit des Lebens.

Ein Teufelskreis

■ Fasten mit Besinnung auf den eigenen Wert (»liebenswert«) und Vollwertkost mit Verzicht auf alle raffinierten (isolierten) Lebensmittel helfen wirklich dauerhaft, diesen Teufelskreis zu durchbrechen.

Der volle Bauch

Wir leben wie im Schlaraffenland – die gebratenen Hähnchen, die Sahnetorten, gegrillten Steaks und knusprigen Pommes frites »fliegen« uns in den Mund. Ist es ein Wunder, daß wir uns überfressen? Das unangenehme Völlegefühl läßt sich zwar mit einem Schnaps oder einer Fermentkapsel beheben, jedoch folgen Müdigkeit und Trägheit. Ein starker Kaffee, eine Zigarette helfen scheinbar darüber hinweg. Aber: Ein voller Bauch bewegt sich nur höchst ungern – er verdaut jetzt. Die aufgenommenen Kalorien wandern in die Fettdepots des Körpers. Was nun passiert, ist merkwürdig: Es entsteht nicht Zufriedenheit, sondern das Bedürfnis nach der nächsten Mahlzeit; der volle Bauch ruft nach mehr – der kranke, aufgeblähte Bauch hat einen krankhaften, aufgeblähten Appetit. Und mit der nächsten Mahlzeit werden wieder »leere« Kalorien aufgenommen, Kalorien ohne Vitalstoffe. Damit ist der Teufelskreis komplett! Unbewußt auf der Suche nach Vitalstoffen stopft man den Bauch mit irgend etwas voll, ohne zu wissen, was einem wirklich fehlt. Jedes Zuviel übersteigt schließlich die Verdauungskraft. Die im Darm liegengebliebenen Nahrungsteile setzen Gärungs- und Fäulnisprozesse in Gang, der Darm saugt die auf diese Weise entstandenen alkoholartigen Produkte auf, der Esser wird schläfrig, übellaunig oder nervös; nachts schläft er wie betäubt oder unruhig, oder er kann gar nicht schlafen.

Der Weg in die Eßsucht

■ Wie kann dieser Teufelskreis durchbrochen werden? Drastische Entleerung des Darms mit Hilfe von Einlauf, Glaubersalz oder F. X. Passagesalz. Stopp der Nahrungsaufnahme (Fasten), Bewegung an frischer Luft und die Umstellung auf den natürlichen Rhythmus von lang sättigender Vollwertmahlzeit und Nahrungspause ist dringende Notwendigkeit! Maß, Ziel und Freude am Essen und beim Essen, auch die Zufriedenheit lassen sich nur durch eine solche Gesamtumstellung wiederfinden.

Hilfe durch Fasten und Vollwertkost

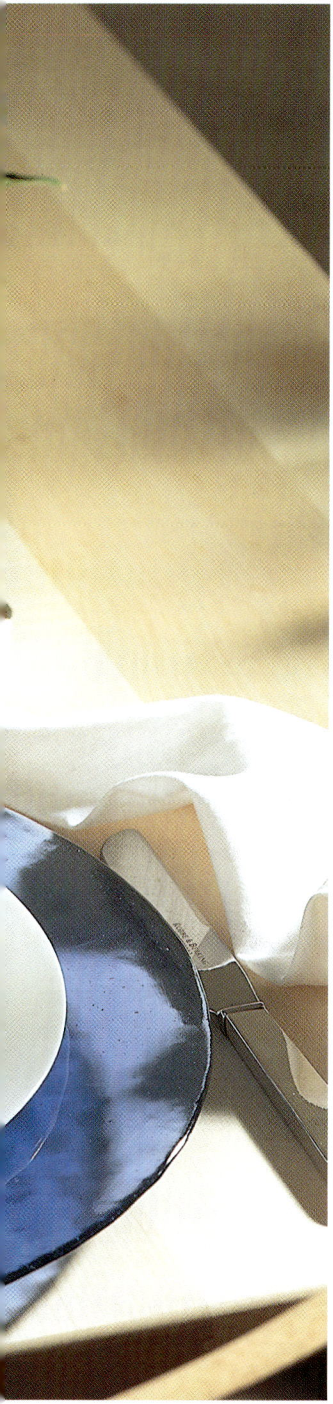

Aufbautage und Nachfastenzeit

In den Tagen der Aufbauzeit lassen wir das Fasten langsam ausklingen. Für den Fastenerfolg ist es sehr wichtig, daß wir den ersten Schritten hin zum normalen Essen, zurück in den Alltag, unsere volle Aufmerksamkeit widmen. Denn jetzt wird der Grundstein gelegt für das richtige Verhalten in der Zukunft.
Lassen Sie sich Zeit, genießen Sie diese ersten vorsichtigen Mahlzeiten – machen Sie es sich beim Essen schön, richten Sie alles liebevoll an.
Bewußt essen zu lernen hilft Ihnen auch, die anderen Aspekte Ihres Lebens neu zu ordnen und alte Gewohnheiten gar nicht erst wieder aufzunehmen.

Fahrplan durch die Aufbautage

Erster Tag	425 Kalorien / 1785 Joule	
Früh	Morgentee	
Vormittag	**Fastenbrechen** 1 gut reifer oder gedünsteter Apfel	sich Zeit nehmen meditativ essen (Seite 23), genießen
Mittag	Kartoffel-Gemüse-Suppe	sich Ruhe gönnen, liegen, Leibwärme
Nachmittag	trinken	Nahrungspause, Bewegung
Abend	Tomatensuppe Buttermilch mit Leinsamen Knäckebrot	 Backobst einweichen
Zweiter Tag	720 (840) Kalorien / 3025 (3530) Joule	
	Tee / Sauerkrautsaft / Molke	Teppichgymnastik
Früh	Backpflaumen Weizenschrotsuppe *(Kräuterquark, Knäckebrot)*	 Löffel für Löffel, langsam essen
Vormittag	trinken	Nahrungspause
Mittag	Blattsalat Pellkartoffeln, Möhrengemüse Bioghurt mit Sanddorn und Leinsamen	weiter essen lernen sich Ruhe gönnen, liegen Leibwärme
Nachmittag	trinken, Teestunde	Nahrungspause
Abend	Möhrenrohkost Getreide-Gemüse-Suppe Dickmilch mit Leinsamen, Knäckebrot	Bewegung und frische Luft Backpflaumen und Haferschrot getrennt einweichen
Dritter Tag	870 (980) Kalorien / 3655 (4115) Joule	
	Morgengetränk	(Getränketips siehe Seite 54) Stuhlgang? sonst Einlauf
Früh	Backpflaumen Hafermüsli oder Getreide-Gemüse-Suppe *(Tomatenquark, Knäckebrot)*	 richtig essen (Seite 21)
Vormittag	trinken	Nahrungspause
Mittag	Rote-Bete-Frischkost Naturreis neapolitanische Art Zucchini-Tomaten-Gemüse Apfelquark	intensiv kauen Geschmackswerte entdecken
Nachmittag	trinken	Nahrungspause, Bewegung
Abend	Sauerkrautsalat Butter, Hüttenkäse, Vollkorn- und Knäckebrot	 Roggenschrot und Trockenobst getrennt einweichen

Zusatzmahlzeiten sind kursiv gesetzt und stehen in Klammern; die höheren Kalorien/Joule-Angaben (in Klammern) ergeben sich daraus. Alle Rezepte (Seite 27 bis 37) sind für 1 Person berechnet.

Vierter Tag	1040 (1150) Kalorien/4370 (4830) Joule	
	Morgengetränk	Morgensport, Teppichgymnastik
Früh	Trockenobst Roggen-Apfel-Müsli *(Kräuterfrischkäse, Vollkornbrot)*	Sättigungsgefühl beobachten
Vormittag	trinken	Nahrungspause, Bewegung
Mittag	Sellerierohkost Haferbratlinge, Kohlrabigemüse Dickmilch mit Früchten	Ruhen oder »tausend Schritte« tun
Nachmittag	trinken	Nahrungspause, Bewegung
Abend	Gurkensalat Vollkorn- und Knäckebrot, Butter, Apfel-Meerrettich-Quark	Haferschrot einweichen
Fünfter Tag	1100 (1420) Kalorien/4620 (5965) Joule	
	Morgengetränk	weiter Leinsamen, falls Stuhl zu fest ist
Früh	Nußquark-Müsli *(Vollkornbrötchen, Butter,* *Feigen- oder Pflaumenmus)*	Zusatzmahlzeit nötig?
Vormittag	trinken	Nahrungspause
Mittag	Rettichsalat Hirsotto mit Tomaten-Zwiebel-Sauce und Broccoligemüse; Himbeertraum	stehenlassen, was zuviel ist
Nachmittag	trinken	Nahrungspause, Bewegung
Abend	Chicoréesalat Vollkornbrot, Knäckebrot, Butter, Camembert	jeden Bissen 35mal kauen!
Sechster Tag	1300 (1520) Kalorien/5460 (6385) Joule	
	Morgengetränk	Teppichgymnastik
Früh	Vital-Müsli *(Vollkornbrötchen, Korsischer Brotaufstrich)*	gut einspeicheln eventuell am Vormittag essen
Vormittag	trinken	Nahrungspause
Mittag	Kohlrabikost Bircher-Kartoffeln mit grüner Quarksauce Obstsalat	Sättigungsgefühl beobachten
Nachmittag	trinken	Nahrungspause, Bewegung
Abend	Tomatensalat Roquefortbirne, Vollkorn- und Knäckebrot	Zeit zum Essen nehmen, genießen

Gut durch die Aufbautage

Umschalten von Fasten auf Essen

Die Aufbautage sind wichtiger Abschnitt zwischen Fasten- und Nachfastenzeit. Durch den stufenweisen Kostaufbau wird Ihr Körper behutsam aus dem Fasten zum Essen geleitet. »Aufbau« heißt Wiederaufbau von Stoffwechsel- und Verdauungsfunktionen, die während des Fastens geruht haben. Diese Umstellung geschieht langsamer als die Umschaltung vom Essen zum Fasten.
Erinnern wir uns an das Schema der Energiebereitstellung aus dem Fasten-Ratgeber »Wie neugeboren durch Fasten«:

Die Energieprogramme unseres Körpers

Programm I: Ernährung aus Nahrung
Nahrung → Verdauung → Stoffwechsel → Ausscheidung
Endprodukt = Kraft + Wärme
Programm II: Ernährung aus Körperdepots
Depots von Fett und Eiweiß → »Innere Verdauung« →
Endprodukt = Kraft + Wärme

Aufbau heißt Rückschaltung von *Energieprogramm II* auf *Energieprogramm I.* Während des Fastens hatte der Organismus die Produktion von Verdauungssäften eingestellt; jetzt muß er wieder damit beginnen. Das geschieht nicht unvermittelt, sondern allmählich. (Die abrupte Umstellung auf normale Kost, insbesondere nach längerem Fasten, kann zu gesundheitlichen Störungen führen.)
Der Kostaufbau braucht daher ebensoviel Aufmerksamkeit, Zeit und Ruhe wie das Fasten.

Zeit für den Aufbau

▶ Die Dauer des Aufbaus richtet sich nach der Fastendauer. Sie brauchen:

- nach 5 Tagen Fasten: 2 Aufbautage
- nach 10 Tagen Fasten: 3 Aufbautage
- nach 15 Tagen Fasten: 5 Aufbautage

Damit der Übergang vom Fasten in die Nachfastenzeit sicher gelingt, sollten Sie sich an den »Fahrplan durch die Aufbautage« (Seite 16/17) und den »Speiseplan für sechs Aufbautage« (ab Seite 26) halten.

Wie im Fasten ist es auch im Aufbau hilfreich, Erfahrungen und gute Vorsätze aufzuschreiben.

»Wie neugeboren ...«

Sie haben erfolgreich gefastet und wollen nun Ihren Körper langsam wieder an feste Nahrung gewöhnen.
Sie fühlen sich »wie neugeboren«, vor allem gesünder und leistungsfähiger, und möchten gerne, daß dieser Zustand möglichst lange anhält. Aus meiner Erfahrung mit vielen Menschen, die ich durch das Fasten führen durfte, weiß ich, daß es trotz aller guten Vorsätze schwierig ist, die Früchte des Fastens für den Alltag zu bewahren. Wahrscheinlich haben auch Sie eine Menge guter Vorsätze gefaßt, von denen leider viele schnell verlorengehen, sobald Sie wieder in das Alltagsgeschehen eingespannt sind. Das geht den meisten Menschen so, läßt sich aber ändern.

Die Erfolgsbilanz

Gewinn Ihres Fastens

Jetzt ist der richtige Augenblick gekommen, um sich das Ergebnis der Fastenzeit noch einmal bewußt zu machen. Dies gelingt am besten, wenn Sie Papier und Stift nehmen und Ihre persönliche Erfolgsbilanz aufschreiben:

Was habe ich durch Fasten gewonnen?

- Ich habe Übergewicht verloren. Wieviel wog ich vor dem Fasten, wieviel wiege ich jetzt?
- Beschwerden, die mir vor dem Fasten zu schaffen machten, haben sich gebessert, sind ganz verschwunden. Welche Beschwerden waren es?

- Ich fühle mich entlastet, von Ballast befreit. Wie äußert sich dieses Gefühl bei mir?
- Ich habe während des Fastens verzichten gelernt. Auf was konnte ich verzichten?
- Ich habe meine körperliche und geistige Leistungsfähigkeit wiedererlangt. Wie stand es damit vor dem Fasten?
- Ich habe neue Einsichten bezüglich meiner Lebensführung gewonnen. Welche sind dies im einzelnen?

Ziele für den Alltag

Was möchten Sie verwirklichen?

▶ Bitte überlegen Sie sich Ihre Ziele für den Alltag:

- *Ich möchte mein Gewicht halten oder weiter vermindern.* (Lesen Sie die Seiten 38 und 49.)
- *Ich möchte meine frühere Figur wiedergewinnen.* Mit Ihrem Bewegungsprogramm (Seite 41) und »Fasten im Alltag« (Seite 49) wird Ihnen das gelingen.
- *Ich möchte gesund sein und bleiben.* Wer das wirklich will, kann es auch.

Vielleicht aber streben Sie andere Ziele an:

- *Ich möchte in Zukunft maßvoll essen.* Dann studieren Sie das Kapitel »Richtig essen – wie lerne ich das?«
- *Ich möchte mich und meine Familie biologisch wertvoll ernähren.* Von Seite 61 an finden Sie alles über Vollwertkost.
- *Ich möchte genießen lernen und damit mehr Freude am Leben haben.* Der Weg dahin führt über meditatives Essen (Seite 23).
- *Ich möchte mich selbst finden und verwirklichen.* Im »Großen GU Ratgeber Fasten« (Seite 109) finden Sie dazu wesentliche Hilfen.

Die Fasten-Erfahrungen helfen

Es kann sein, daß diese Ziele zu hoch gesteckt sind und Sie den Weg nicht recht erkennen, auf dem sie zu erreichen sind. Erinnern Sie sich an Ihre Fasten-Erfahrungen und daran, welche Fähigkeiten Sie erworben haben. Das Erleben, Probieren, Wagen und Studieren ist mit dem Fasten nicht beendet.

Ganz sicher ist es nicht meine Absicht, Sie auf bestimmte Ernährungs- und Trinkregeln einzuschwören. Ich möchte Sie vielmehr anregen, sich mit Ihrem Lebensstil kritisch auseinanderzusetzen. Mit diesem Buch verfolgen wir nicht die üblichen Ziele eines Diätbuches. Wir möchten Ihnen helfen, einige Vorsätze zu verwirklichen:

Den Lebensstil ändern

Das ist wichtig

Einfacher leben.
Sich vollwertig ernähren.
Das Prinzip Fasten in den Alltag einfügen.
Nahrung bewußter aufnehmen.
Sich an sinnvolle Eßkultur erinnern.

Richtig essen – wie lerne ich das?

Lernen durch bewußtes Erleben

Richtig essen ist nicht so schwierig, wie Sie vielleicht meinen. Sie brauchen zunächst weder Kochbücher zu wälzen noch Kalorientabellen zu studieren. Das sind zwar wichtige Hilfsmittel, ohne die Sie letztlich nicht auskommen; viel wichtiger für neue Erkenntnisse sind jedoch Ihre Erlebnisse. Bewußt erlebte Aufbautage sind der Schlüssel für eine erfolgreiche Nachfastenzeit.
Denken Sie noch einmal an Ihr erstes Fasten zurück: Voller Entdeckerfreude und sicher auch erstaunt haben Sie erlebt, daß Sie ohne Nahrung auskommen konnten, dabei nicht einmal Hunger hatten und darüber hinaus leistungsfähig waren. Das Wiederessen war nicht besonders schwierig, sofern Sie sich an die Aufbauregeln gehalten haben. Vielleicht ist Ihnen aber auch der eine oder andere Fehler unterlaufen, den Sie mit einer Unpäßlichkeit büßen mußten. Die Erlebnisse der Aufbauzeit pflegen gegenüber denen der Fastentage zu verblassen – war das auch bei Ihnen so?

Das Umschalten von Fasten auf Essen geschieht ganz von allein; der Körper ist von Natur aus darauf programmiert. Das Umschalten auf eine andere, die natürliche Essensweise muß gelernt und trainiert werden.

Wiederholtes Fasten samt Aufbau bedeutet, daß Sie aufmerksamer sich selbst gegenüber sind und mehr Wissen um die Wichtigkeit eigener Verhaltensweisen besitzen. Sie werden immer besser und leichter fasten können, je öfter Sie es tun. Ob Sie aber nach jedem Fasten auch immer besser essen können?
Fasten ist zeitlich begrenzt. Essen begleitet uns durch das ganze Leben – unsere Schwierigkeiten wurzeln nicht im Fasten, sondern

im Essen. Anders ausgedrückt: Mit Fasten allein haben wir unsere Ernährungs- und Eßprobleme noch keineswegs im Griff. Es ist für die meisten Menschen schwierig, lebenslange Gewohnheiten dauerhaft zu ändern; für mich auch. Gehen Sie immer bewußter durch die Aufbautage. Mit neuen Rezepten allein lassen sich falsche Verhaltensweisen beim Essen nicht ändern.

Bewußt essen im Aufbau

Bewußtes Essen hilft Ihnen, die für Eßprobleme so hilfreichen Körpersignale weit deutlicher zu erleben, als das gemeinhin der Fall ist. Jeder Versuch wird zum dauerhaften Erfolg durch Wiederholung – üben Sie jeden Tag bei jeder Mahlzeit, die Ihnen bewußtes Essen ermöglicht. Sie werden die Erkenntnisse, die Sie gewinnen, nicht vergessen.

Wichtig: Langsam essen, intensiv kauen, schweigen!

▶ Gehen Sie in kleinen Schritten vor:

Abschalten,

● Abschalten von dem, was eben war – Geschäft, Ärger, Autofahrt: Der Verärgerte, der mit jedem Bissen seinen Ärger »hinunterschlingt«, und jener, der nicht abschalten kann – sie beide müssen lernen, den »Lebenskampf« vom Essen zu trennen. Versuchen Sie, sich abzureagieren, Aggressionen und Ärger loszuwerden, sich auszutoben.

● Zu sich kommen; es beginnt mit der Frage:
Wo bin ich eigentlich, unterwegs oder zu Hause?
Bin ich nervös, ruhig, erschöpft, angespannt?

entspannen,

Entspannen Sie sich auf einem bequemen Stuhl oder auf dem Teppich. Oder setzen Sie sich bequem an den Tisch, entspannen Sie Schultern, Gesäß, Hände; schweigen Sie eine Minute vor dem Essen.

● Zur Sache kommen; es beginnt mit der Frage:
Bin ich mit meinen Gedanken eigentlich schon beim Essen?

genießen,

Setzen Sie sich an den Tisch und schauen Sie sich an, was darauf steht. Schnuppern Sie – welche Düfte gibt es? Freuen Sie sich auf das, was dort auf Sie wartet. Danken Sie für das, was Sie haben.

● Verstärken Sie Ihre Wahrnehmungen durch positive Gedanken:
Ich bin ganz ruhig.
Ich habe Zeit.

positiv denken

Ich bin jetzt beim Essen, alle Probleme sind weit weg.
Ich freue mich an allem, genieße mit allen Sinnen.

- Stellen Sie sich ein auf das, was geschehen soll, denken Sie voraus:
Ich spüre, wann ich satt bin, und höre dann auf.
Wenig ist genug für meinen Körper.

Meditativ essen

Die Essensregeln leuchten zwar ein, und Sie haben sich vorgenommen, ganz bewußt zu essen. Aber so recht gelingen will das nicht.
Gehen Sie einen Schritt weiter. Vertiefen Sie die Kunst Ihres Essens durch eine Meditation mit irgendeinem Nahrungsmittel, das Ihnen wichtig erscheint: einem Stück Brot, einer Suppe oder einem Apfel.

Aufmerksam, bewußt und in Ruhe

Meditativ essen – das heißt, Nahrung ins Zentrum unserer Aufmerksamkeit nehmen, gesammelt essen, durch nichts abgelenkt. Meditativ bedeutet aber auch »aus der Mitte leben«. Es gelingt, wenn ich in mir ruhe; es gelingt mir nicht, wenn ich außer mir bin, zerrissen oder durcheinander.
Nehmen Sie das »Fastenbrechen« als die ideale Gelegenheit, meditativ essen zu lernen. Und was gäbe es Besseres, als mit einem reifen, duftenden Apfel zu meditieren: rund, greifbar, fest und gut zum Kauen! Er ist auch ungemein symbolträchtig: gebündelte Nahrung – Freude – Fruchtbarkeit – Schönheit. Andere möchten lieber mit einem Stück Brot meditieren, dem Symbol für Wärme – Geborgenheit – Sättigung. Für uns gilt es jetzt, vor dem Essen der ersten Nahrung zwei Fragen zu klären:

- Habe ich nur gefastet, um wieder essen zu können – im alten Stil?
- Oder bin ich bereit, der Nahrung neu zu begegnen?

Ich möchte genießen, satt sein, Freude haben. Aber auch begrenzen, stehenlassen, verzichten können auf das, was falsch oder zuviel ist.

Beschäftigen Sie sich noch einmal mit den Fragen, und meditieren Sie dann mit Ihrem Apfel.

Meditation mit dem Apfel

Ich breche mein Fasten mit einem schönen reifen Apfel.
Das erste Essen – nach so langer Zeit des Verzichts!
Jetzt: Hineinbeißen!
Halt! Nicht so wie immer: hinunteressen – fertig, vergessen.
Ich mache mir ein Festessen daraus.

Ich decke den Tisch: Ein Set – ein Teller, auf dem mein Apfel gut zur Wirkung kommt. Serviette – Messer – ein paar Blumen, zur Feier des Ereignisses eine Kerze.
Ich setze mich ganz bequem und warm vor ihn hin.
Ich habe Zeit, Zeit für meinen Apfel.

Der Apfel vor mir – ich schaue ihn an.
Nichts anderes ist jetzt wichtig.
Er allein liegt im Mittelpunkt meines Interesses.
Wie sieht er aus...?
Wie fühlt er sich an...? ...kalt? ...kühl? ...glatt?
Wie riecht er?

Ich schließe die Augen und ich begreife ihn...
ist er ganz rund?
Wo sind Blüte und Stiel, wie fühlen sie sich an?
Was fällt mir ein, wenn ich ihn anfasse?
Vielleicht die Wiese zu Hause, der Baum, die Eltern...

Ich darf ihn essen. Es ist mein Apfel.
Der Apfel wartet darauf, von mir gegessen zu werden.

Schneiden oder hineinbeißen?...
Ich schneide ihn. Höre das Geräusch.
Ich schneide ihn in kleine Stücke. Viele Stücke.
Wie viel ich zu essen habe!
Eine ganze Mahlzeit. Zeit zum Mahlen.

Ich beiße hinein.
Apfelstück, Lippen, Zähne, Zunge, Gaumen –
eine Erlebniseinheit.
Kauen – genießen – mit geschlossenen Augen –
ich bin ganz Apfel.

Herrlich: das Kauen und das Apfelstück.
Wie oft kaue ich jedes Stück?
Ich zähle. Bis es flüssig ist...
Jedem Apfelstückchen schmecke ich nach – schlucke –
nehme es auf in mich – dann das nächste:
Der zweite, vierte, siebte Genuß.
Die Vor-, Haupt- und Nachspeise.

Bin ich schon satt? Bei der Hälfte? Unglaublich!

Was tue ich jetzt?
Stehenlassen? Aufessen?
(Wie Mutter immer sagte:
Eßt auf, es ist schade, etwas liegenzulassen.)

Wer entscheidet: die Augen oder mein Leib?
Doch, mein Magen überzeugt mich.
Ich bin satt!
Ich habe den Mut, den Rest stehenzulassen.
Wirklich, ich bin herrlich satt! Ganz zufrieden!
Stolz, daß ich auf den Rest verzichten konnte.

Ich experimentiere weiter.
Mittags.
Ich ersetze »Apfel« durch »Kartoffelsuppe«
und meditiere noch einmal.
Genieße Löffel für Löffel.
»Kaue« die Suppe.
Plötzlich bin ich satt.
Ich könnte jetzt noch aufessen.
Aber warum?
Mein Körper hat genug (obwohl mein Kopf anders denkt).
Ich bin zufrieden und satt. Ich danke für diese Erfahrung.

Zeit nehmen und gesammelt essen wird mir helfen,
die übliche Hast und Zerstreutheit, meine Gier auf mehr
zu überwinden.

Ich spüre, wann ich satt bin,
und lasse den Rest liegen.

Speiseplan für sechs Aufbautage

Erster Aufbautag

	Früh	Morgentee (Kräuter- oder leichter schwarzer Tee)
	Vormittag	Fastenbrechen, 1 gut reifer oder 1 gedünsteter Apfel
	Mittag	Kartoffel-Gemüse-Suppe
	Nachmittag	Trinken (Früchtetee)
	Abend	Tomatensuppe – Buttermilch mit 1 Teelöffel Leinsamen – 1 Scheibe Knäckebrot

Kartoffel-Gemüse-Suppe

1 kleine Kartoffel (etwa 60 g) · je 1 Stück (30 g) Möhre (Karotte), Porree (Lauch) und Sellerieknolle · ¼ l Wasser · je 1 Prise frisch gemahlene Muskatnuß und Majoran · ½ Teel. Hefeflocken · 1 Messerspitze Kräutersalz · 1 Teel. frisch gehackte Petersilie

Die Kartoffel schälen, das Gemüse schaben oder schälen, gründlich waschen und in feine Scheiben schneiden. Das Wasser zum Kochen bringen, das Gemüse und die Kartoffel zufügen und darin in 15 Minuten zugedeckt garkochen. Die Suppe vom Herd nehmen, mit den Gewürzen, den Hefeflocken und der gekörnten Brühe abschmecken (eventuell pürieren, dann noch etwas heißes Wasser zufügen), mit der Petersilie bestreuen.

Tomatensuppe

250 g reife Tomaten · ½ Zwiebel · 1 Teel. Öl · ¼ l Wasser · je 1 Prise Meersalz oder Kräutersalz, frisch gemahlener weißer Pfeffer und getrockneter Thymian · ½ Teel. Hefeflocken · 1 Teel. Tomatenmark · 1 Teel. frisch gehackte Petersilie oder Schnittlauchröllchen

Die Tomaten waschen, von den Stielansätzen befreien und würfeln. Die Zwiebel schälen und ebenfalls kleinwürfeln. Das Öl erhitzen, die Zwiebel- und die Tomatenwürfel zufügen und in etwa 10 Minuten weichdünsten. Die Masse dann durch ein Sieb streichen. Das Wasser aufkochen lassen, die gekörnte Brühe einstreuen, das Tomatenmus zufügen, mit den Gewürzen, den Hefeflocken und dem Tomatenmark abschmecken. Die Suppe mit der Petersilie oder dem Schnittlauch bestreuen.

▶ **Für morgen:** 2 Backpflaumen oder 1 Feige in ½ Tasse Wasser einweichen, zugedeckt über Nacht stehenlassen.

Fastenbrechen und vorsichtiger Kostaufbau: Auf dem Bild links sehen Sie, was der Speiseplan am ersten Tag bietet.

Speiseplan für sechs Aufbautage

Zweiter Aufbautag		
	Früh	1 Glas Sauerkrautsaft oder Molke Backpflaumen oder Feige – Weizenschrotsuppe *(50 g Kräuterquark, 2 Scheiben Knäckebrot)*
	Vormittag	Trinken (Mineralwasser)
	Mittag	Blattsalat – Pellkartoffeln – Möhrengemüse – Bioghurt mit Sanddorn und Leinsamen
	Nachmittag	Trinken
	Abend	Möhrenrohkost – Getreide-Gemüse-Suppe – Dickmilch mit Leinsamen – 1 Scheibe Knäckebrot

Weizenschrotsuppe

2 Eßl. feingeschroteter Weizen · ¼ l Wasser · 1 Prise Meersalz · 1 Eßl. frisch gehackte gemischte Kräuter wie Petersilie und Schnittlauch

Den Weizenschrot im Kochtopf erwärmen, ohne ihn zu bräunen. Das Wasser angießen, einmal aufkochen und den Schrot bei schwacher Hitze in etwa 10 Minuten ausquellen lassen, eventuell abseihen. Mit dem Salz und den Kräutern abschmecken.

Blattsalat

¼ Kopfsalat · je 1 Prise Meersalz und frisch gemahlener weißer Pfeffer · ½ Teel. Obstessig oder Zitronensaft · 1 Teel. Sonnenblumenöl · 1 Teel. Schnittlauchröllchen

Den Salat zerpflücken und die einzelnen Blätter unter fließendem Wasser waschen, trockenschleudern und in eine Schüssel geben. Aus dem Salz, dem Pfeffer, dem Essig oder dem Zitronensaft und dem Öl eine Sauce rühren und über den Salat träufeln. Den Schnittlauch darüberstreuen.

Pellkartoffeln

3 kleine Kartoffeln · etwas Kümmel

Die Kartoffeln unter fließendem Wasser gründlich bürsten. Wasser zum Kochen bringen, den Kümmel zufügen und die Kartoffeln in 20 bis 25 Minuten weich dämpfen oder kochen.

Möhrengemüse

100 g Möhren (Karotten) · 3 Eßl. Wasser oder Gemüsebrühe · je 1 Prise Meersalz und frisch geriebene Muskatnuß · 1 Teel. Sonnenblumenöl · 1 Teel. frisch gehackte Petersilie

Die Möhren unter fließendem Wasser gründlich bürsten, eventuell schaben und in dünne Scheiben schneiden. Das Wasser oder die Gemüsebrühe zum Kochen bringen, die Möhrenscheiben zufügen und darin in etwa 10 Minuten garen. Die Möhren vom Herd nehmen, mit dem Salz und dem Muskat abschmecken, das Öl unterrühren und das Gemüse mit der Petersilie bestreuen.

Bioghurt mit Sanddorn und Leinsamen

1 Becher Bioghurt (1,5 %) · 1 Teel. mit Honig gesüßter Sanddornsaft · 1 gehäufter Teel. Leinsamen

Den Bioghurt mit dem Sanddorn abschmecken, in eine Dessertschale geben und zuletzt mit dem Leinsamen bestreuen.

Möhrenrohkost

2 Eßl. saure Sahne · 1–2 Teel. Zitronensaft · einige Blättchen Zitronenmelisse · 100 g Möhren (Karotten) · ½ Apfel · 1 Salatblatt

Die saure Sahne mit dem Zitronensaft und der gehackten Zitronenmelisse verrühren. Die Möhren unter fließendem Wasser gründlich bürsten, eventuell schaben und auf der feinen Rohkostreibe in die Sauce raspeln. Den Apfel waschen, vierteln, vom Kerngehäuse befreien und ebenfalls in die Sauce reiben. Alles gut mischen und auf dem gewaschenen Salatblatt anrichten.

Getreide-Gemüse-Suppe

½ kleine Zwiebel · 1 Teel. Olivenöl · 1 Eßl. feingeschroteter Weizen · ¼ l Gemüsebrühe oder Wasser · 50 g Sellerieknolle · je 1 Prise Meersalz und getrocknetes Liebstöckel · 1 Teel. frisch gehackte Petersilie

Die Zwiebel schälen, feinhakken und in dem Öl leicht bräunen. Den Weizenschrot zufügen und ebenfalls leicht bräunen lassen. Die Gemüsebrühe oder das Wasser zugießen, kurz aufkochen und den Schrot bei schwacher Hitze in etwa 10 Minuten ausquellen lassen. Den Sellerie gründlich waschen, schälen und feinreiben. Die Schrotsuppe mit dem Salz und dem Liebstöckel abschmecken, den Sellerie und die Petersilie einstreuen.

Dickmilch mit Leinsamen

3 Eßl. Dickmilch · 1 Teel. mit Honig gesüßter Sanddornsaft · 1 gehäufter Teel. Leinsamen · 1 Scheibe Knäckebrot

Die Dickmilch mit dem Sanddorn glattrühren, in ein Glasschälchen füllen und kurz vor dem Verzehr mit dem Leinsamen bestreuen. Dazu die Scheibe Knäckebrot essen.

▶ **Für morgen:** 2 Backpflaumen oder 1 Feige in ½ Tasse Wasser über Nacht einweichen.
1 Teelöffel ungeschwefelte Rosinen waschen und in 1 Eßlöffel Wasser einweichen.

Speiseplan für sechs Aufbautage

Dritter Aufbautag

	Morgentee
Früh	Backpflaumen oder Feige – Hafermüsli oder Getreide-Gemüse-Suppe *(50 g Tomatenquark, 2 Scheiben Knäckebrot)*
Vormittag	Trinken (Malzkaffee)
Mittag	Rote-Bete-Frischkost – Naturreis neapolitanische Art – Zucchini-Tomaten-Gemüse – Apfelquark
Nachmittag	Trinken (Apfelschalentee)
Abend	Sauerkrautsalat – Hüttenkäsebrote

Hafermüsli

2 Eßl. Haferschrot · 2 Eßl. Wasser · 2–3 Eßl. Milch · 1 Teel. Zitronensaft · 1 Teel. eingeweichte Rosinen · 1 kleiner Apfel (100 g)

Den Haferschrot im Wasser etwa 15 Minuten einweichen, mit der Milch, dem Zitronensaft und den Rosinen mischen. Den Apfel waschen, vom Kerngehäuse befreien, grobreiben und unter das Müsli heben. Das Müsli mit Früchten der Saison garnieren.

Rote-Bete-Frischkost

2 Eßl. saure Sahne · 1 Eßl. Zitronensaft · 1 Teel. frisch geriebener Meerrettich · 100 g Rote Bete · ½ Apfel · 2 Salatblätter · 1 Teel. frisch gehackte Petersilie

Die saure Sahne mit dem Zitronensaft und dem Meerrettich verrühren. Die Rote Bete waschen, dünn schälen, den Apfel waschen, vierteln, vom Kerngehäuse befreien; in die Sauce reiben. Alles locker mischen.
Die Salatblätter waschen, trockentupfen und die Rohkost darauf anrichten. Mit der gehackten Petersilie bestreuen.

Naturreis neapolitanische Art

½ Zwiebel (25 g) · 1 Teel. Olivenöl · 30 g Naturreis · 0,1 l Gemüsebrühe oder Wasser · je 1 Prise Knoblauchpulver und getrocknetes Basilikum · ¼ Lorbeerblatt · 1 Gewürznelke · 3–4 gehackte Oliven

Die Zwiebel schälen und feinhacken, in dem Öl andünsten. Den Reis waschen, dazugeben und glasig werden lassen. Die Gemüsebrühe oder das Wasser und die Gewürze zufügen, alles aufkochen und den Reis bei schwacher Hitze in etwa 30 Minuten ausquellen lassen. Nach 10 Minuten Kochzeit das Lorbeerblatt und die Nelke entfernen. Die gehackten Oliven unter den Reis mischen.

Zucchini-Tomaten-Gemüse

½ Zwiebel · 1 Prise getrockneter Oregano · 1 Teel. Olivenöl · 1 kleine Zucchini (etwa 100 g) · 1 Eßl. Gemüsebrühe oder Wasser · 1 Tomate · je 1 Prise Kräutersalz und frisch gemahlener weißer Pfeffer · 1 Teel. Hefeflocken

Die Zwiebel schälen, feinhakken und mit dem Oregano in dem Öl andünsten. Die Zucchini waschen, in mittelgroße Würfel schneiden und in den Topf geben. Die Gemüsebrühe oder das Wasser zufügen. Die Zucchini zugedeckt bei schwacher Hitze etwa 10 Minuten dünsten. Die Tomate waschen, den Stielansatz entfernen, das Tomatenfleisch würfeln und kurz vor Ende der Garzeit zufügen. Das Gemüse mit dem Kräutersalz, dem Pfeffer und den Hefeflocken abschmecken.

Apfelquark

2 Eßl. Magerquark · 1–2 Eßl. Vorzugsmilch · ½ Apfel · je 1 Prise Zimtpulver und abgeriebene unbehandelte Zitronenschale · 1 Teel. mit Honig gesüßter Sanddornsaft

Den Quark mit der Milch glattrühren. Den Apfel waschen, abtrocknen, vom Kerngehäuse befreien und auf der Rohkostreibe grobraspeln, zusammen mit dem Zimt, der Zitronenschale und dem Sanddorn unter den Quark ziehen. Mit Apfelspalten oder Früchten der Saison garnieren.

Sauerkrautsalat

½ Zwiebel · je ¼ Salatgurke und rote Paprikaschote · ½ Teel. frisch geriebener Meerrettich · 100 g Sauerkraut · 1 Salatblatt · 1 Teel. Öl · 1–2 Eßl. saure Sahne · je 1 Prise Kräutersalz und frisch gemahlener weißer Pfeffer

Die Zwiebel schälen und kleinhacken. Die Gurke und die Paprikaschote waschen und in Streifen schneiden. Alles mit dem geriebenen Meerrettich unter das Sauerkraut heben und auf dem gewaschenen Salatblatt anrichten. Das Öl mit der sauren Sahne, dem Kräutersalz und dem Pfeffer verrühren und über den Salat gießen.

Hüttenkäse-Brote

¼ Becher Hüttenkäse (50 g) · 1 Prise Kräutersalz oder Salatgewürz · je 1 Scheibe Vollkorn- und Knäckebrot · 1 Teel. Butter · 1 Teel. Schnittlauchröllchen

Den Käse würzen. Die Brotscheiben mit der Butter dünn bestreichen, den Hüttenkäse darauf verteilen und den Schnittlauch darüberstreuen.

▶ **Für morgen:** 2 Backpflaumen oder 1 Feige in ½ Tasse Wasser einweichen und über Nacht stehenlassen. 2 gestrichene Eßlöffel Roggen grobschroten und in 2 Eßlöffeln Wasser einweichen, zudecken und im Kühlschrank aufbewahren.

Für das Vital-Müsli (sechster Aufbautag) 2 Eßlöffel Weizenkörner in 6 Eßlöffel Wasser einweichen und zugedeckt zum Keimen stehenlassen.

Speiseplan für sechs Aufbautage

Vierter Aufbautag

	Morgentee
Früh	Backpflaumen oder Feige Roggen-Apfel-Müsli *(40 g Kräuterfrischkäse, 1 Scheibe Vollkornbrot)*
Vormittag	Trinken (Mineralwasser)
Mittag	Sellerierohkost Haferbratlinge – Kohlrabigemüse Dickmilch mit Früchten
Nachmittag	Trinken (Malventee)
Abend	Gurkensalat – Brote mit Apfel-Meerrettich-Quark

Roggen-Apfel-Müsli

2 Eßl. eingeweichter Roggenschrot · 2–3 Eßl. Dickmilch · je 1 Teel. Sanddorn- und Zitronensaft · 1 kleiner Apfel · 1 Teel. gehackte Haselnüsse

Den Roggenschrot mit der Dickmilch, dem Sanddorn- und dem Zitronensaft mischen. Den Apfel waschen, vom Kerngehäuse befreien, grobraspeln und unter den Getreidebrei heben. Das Müsli mit den Nüssen bestreuen.

Sellerierohkost

3 Eßl. Dickmilch · 1 Teel. Zitronensaft · je 1 Prise Meersalz und frisch gemahlener weißer Pfeffer · einige Tropfen Friate (Apfeldicksaft) · ¼ Sellerieknolle (etwa 150 g) · ½ Apfel · 1 Teel. gehackte Walnüsse

Die Dickmilch mit dem Zitronensaft, dem Salz, dem Pfeffer und einigen Tropfen Friate mischen. Den Sellerie gründlich waschen, schälen und in die Sauce feinreiben. Den Apfel waschen, abtrocknen, vom Kerngehäuse befreien und ebenfalls in die Sauce raspeln, mit den gehackten Nüssen unterheben.

Haferbratlinge

1–2 Eßl. Vorzugsmilch · 2 Eßl. mittelfein geschroteter Hafer · ½ Zwiebel · 1–2 Teel. Olivenöl · ½ Eigelb · 2 Teel. Magerquark · je 1 Prise Koriander, Fenchel, Meersalz und Liebstöckel · ½ Eiweiß

Die Milch erwärmen, den Haferschrot einstreuen und vom Herd nehmen. Die Zwiebel schälen und kleinhacken, in wenig Öl andünsten. Das Eigelb mit dem Quark unter die Hafermasse ziehen. Die Zwiebel mit den Gewürzen abschmecken und ebenfalls untermischen. Das Eiweiß zu steifem Schnee schlagen und locker unter die Hafermasse ziehen. Das restliche Öl erhitzen. Aus der Hafermasse längliche Bratlinge oder Küchlein formen und in dem Öl von jeder Seite in 4 bis 6 Minuten knusprig braten.

- *Unser Tip:* Statt der Zwiebel können Sie auch 50 g in kochendem Wasser kurz blanchierten und abgetropften Blattspinat oder Mangold verwenden. Spinat oder Mangold feinhacken, dann unter die Hafermasse ziehen.

Kohlrabigemüse

1 Kohlrabi (etwa 150 g) · 2 Eßl. Gemüsebrühe oder Wasser · je 1 Prise Kräutersalz und Hefeflocken · 1 Eßl. saure Sahne · 1 Teel. Schnittlauchröllchen

Die zarten Blätter der Kohlrabiknolle abschneiden, waschen, feinhacken und beiseite stellen. Den Kohlrabi schälen, vierteln, in feine Scheiben schneiden und in der Gemüsebrühe oder dem Wasser in 10 Minuten gardünsten. Mit dem Kräutersalz und den Hefeflocken würzen, die saure Sahne unterrühren und das Gemüse mit dem Schnittlauch und dem kleingeschnittenen Kohlrabigrün garnieren.

Dickmilch mit Erdbeeren

5 Eßl. Dickmilch (100 g) · je 1 Prise Ingwerpulver und abgeriebene unbehandelte Zitronenschale · 1 Teel. Honig · 100 g Erdbeeren (oder andere Früchte) · 1 Teel. Leinsamen

Die Dickmilch mit dem Ingwer, der Zitronenschale und dem Honig abschmecken. Die Erdbeeren waschen, 2 Erdbeeren zum Garnieren zurückbehalten, die restlichen Beeren putzen und vierteln, dann mit einer Gabel zerdrücken und in ein Glasschälchen füllen. Die Dickmilch darüber verteilen, mit den übrigen Erdbeeren garnieren und mit dem Leinsamen bestreuen.

Gurkensalat

1 Prise Kräutersalz · ½ Teel. Obstessig · ½ Teel. Senf · 2–3 Eßl. saure Sahne · ½ Salatgurke (150 g) · 1 Teel. frisch gehackter Dill

Das Kräutersalz in dem Obstessig auflösen. Den Senf und die saure Sahne zufügen und die Sauce glattrühren. Die Gurke waschen und abtrocknen, eventuell schälen, dann feinhobeln und mit der Sauce mischen. Mit den Dillspitzen bestreuen

Brote mit Apfel-Meerrettich-Quark

50 g Magerquark · 1 Eßl. Milch · ½ Apfel · 1 Teel. frisch geriebener Meerrettich · 1 Prise Meersalz · 1 Scheibe Vollkornbrot · 2 Scheiben Knäckebrot · 2 Teel. Butter · 1 Teel. frisch gehackte Petersilie

Den Quark mit der Milch glattrühren. Den Apfel waschen, abtrocknen, vom Kerngehäuse befreien und in den Quark grobraspeln. Mit dem Meerrettich und dem Salz pikant abschmecken. Die Brotscheiben mit der Butter bestreichen, den Quark darauf verteilen, mit der Petersilie garnieren.

▶ **Für morgen:** Das Wasser von den Weizenkörnern abgießen (zum Blumengießen verwenden). Die Weizenkörner leicht angefeuchtet und zugedeckt stehen lassen, nicht in der prallen Sonne.

Speiseplan für sechs Aufbautage

Fünfter Aufbautag

	Morgentee
Früh	Nußquark-Müsli *(1 Vollkornbrötchen mit 1 Teelöffel Butter und 1 Eßlöffel Feigen- oder Pflaumenmus)*
Vormittag	Trinken (Mineralwasser)
Mittag	Rettichsalat – Hirsotto mit Tomaten-Zwiebel-Sauce und Broccoligemüse – Himbeertraum
Nachmittag	Trinken (Hagebuttentee)
Abend	Chicoréesalat – 2 Scheiben Knäckebrot – 1 Scheibe Vollkornbrot mit Camembert

Nußquark-Müsli

2 Eßl. grobgeschroteter Nackthafer · 2 Eßl. Wasser · 1 Eßl. Magerquark · 2 Eßl. Dickmilch · je 1 Teel. Zitronen- und mit Honig gesüßter Sanddornsaft · ½ Apfel · 1 Teel. gehackte Haselnüsse · 50 g Brombeeren

Den Nackthafer im Wasser einweichen. Quark und Dickmilch mit dem Zitronen- und Sanddornsaft glattrühren. Den Apfel waschen, vom Kerngehäuse befreien und grobraspeln. Alles miteinander vermischen, mit den Brombeeren garnieren.

Rettichsalat

Je 1 Prise Meersalz und frisch gemahlener weißer Pfeffer · 1 Teel. Obstessig · 1 Eßl. Sonnenblumenöl · 1 kleiner roter Rettich (150 g) · ½ Zwiebel · 1 Teel. Schnittlauchröllchen

Salz, Pfeffer und Essig solange verrühren, bis sich das Salz aufgelöst hat. Dann das Öl unterrühren. Den Rettich gründlich abbürsten, waschen und die Wurzeln abschneiden, eventuell schälen und in die Sauce hobeln. Die Zwiebel schälen, feinhacken und zusammen mit dem Schnittlauch unter den Salat heben.

Hirsotto

30 g Hirse · 0,1 l Gemüsebrühe · je 50 g Möhre (Karotte) und Sellerieknolle · je 1 Prise Currypulver, getrocknetes Liebstöckel und Hefeflocken · 1 Teel. Butter

Die Hirse kalt und heiß abspülen, gut abtropfen lassen und auf Küchenkrepp trokkentupfen, dann in einer Pfanne bei schwacher Hitze 5 bis 10 Minuten darren. Die Gemüsebrühe zum Kochen bringen. Die Hirse einstreuen und aufkochen, dann bei schwacher Hitze in etwa 15 Minuten ausquellen lassen. Die Möhre unter fließendem kaltem Wasser bürsten, den Sellerie schälen; dann beides grobraspeln und in dem Hirsebrei noch 8 Minuten mitkochen lassen. Das Hirsotto mit Curry und Liebstöckel abschmekken. Vor dem Auftragen die Hefeflocken und die Butter zufügen. Das Hirsotto mit einer Gabel auflockern.

Tomaten-Zwiebel-Sauce

1 kleine Zwiebel · 2 Eßl. Gemüsebrühe · 1 Tomate · etwas Zitronensaft · je 1 Prise Meersalz und getrockneter Thymian · 1 Eßl. Sahne

Die Zwiebel schälen und feinhacken. Die Gemüsebrühe in einem kleinen Topf erhitzen, und die Zwiebel darin etwa 10 Minuten dünsten. Die Tomate überbrühen, häuten, vom Stielansatz befreien und würfeln, dann zu der Zwiebel geben und etwa 5 Minuten mitdünsten. Die Sauce mit dem Zitronensaft, dem Salz und dem Thymian abschmecken und die Sahne unterrühren. Zum Hirsotto reichen.

Broccoligemüse

100 g Broccoli · 2 Eßl. Wasser · je 1 Prise Meersalz, frisch geriebene Muskatnuß und frisch gemahlener weißer Pfeffer

Den Broccoli waschen. Die Stiele bis zu den Röschen hin schälen, die Röschen zerteilen. Dicke Stiele kreuzweise einschneiden. Das Wasser zum Kochen bringen, den Broccoli einlegen und bei schwacher Hitze in 10 bis 15 Minuten bißfest garen. Das Gemüse mit dem Salz, der Muskatnuß und dem Pfeffer würzen und ebenfalls zum Hirsotto servieren.

Himbeertraum

5 Eßl. Dickmilch (100 g) · 1–2 Eßl. Sanddornsaft · 1 Messerspitze Vanillepulver oder abgeriebene unbehandelte Zitronenschale · 50 g Himbeeren · 1 Teel. gehackte Haselnüsse

Die Dickmilch mit 1 Teelöffel Sanddornsaft und dem Vanillepulver oder der Zitronenschale glattrühren. 3 Himbeeren zum Garnieren beiseite legen. Die übrigen mit einer Gabel zerdrücken, mit 1 Teelöffel Sanddornsaft süßen und in ein Dessertschälchen geben. Die Dickmilch darüber verteilen und mit den zurückgelegten Himbeeren und den Nüssen garnieren.

Chicoréesalat

1 Staude Chicorée · 1 Salatblatt · 1 Teel. Zitronensaft · ½ Apfel · je 1 Eßl. saure Sahne und Tomatenketchup · 1 Messerspitze frisch geriebener Meerrettich · je 1 Prise Meersalz und weißer Pfeffer · 2 Walnußkerne · 2 Scheiben Knäckebrot · 1 Scheibe Vollkornbrot · 1 Teel. Butter · 20 g Camembert (30 % Fett i. Tr.)

Den Chicorée halbieren, den Strunk herausschneiden; die Staudenhälften waschen und in feine Streifen schneiden. Das Salatblatt waschen, trockentupfen und die Chicoréestreifen darauf anrichten, mit etwas Zitronensaft beträufeln. Den Apfel waschen, halbieren, vom Kerngehäuse befreien, in feine Spalten schneiden und über den Chicorée streuen. Die saure Sahne mit dem Ketchup, dem geriebenen Meerrettich, dem restlichen Zitronensaft, dem Salz und dem Pfeffer verrühren und über den Salat träufeln; mit den Nüssen garnieren.
2 Scheiben Knäckebrot zum Salat essen; außerdem 1 Scheibe Vollkornbrot, mit der Butter und dem Camembert bestrichen.

▶ **Für morgen:** Die Weizenkeime für das Vital-Müsli (sechster Aufbautag) abspülen und leicht feucht zugedeckt stehenlassen.
1 Teelöffel Rosinen waschen und in 1 Eßlöffel Wasser einweichen.

Speiseplan für sechs Aufbautage

Sechster Aufbautag

	Malventee
Früh	Vital-Müsli *(Vollkornbrötchen mit Korsischem Brotaufstrich, Rezept Seite 81)*
	Für den Nachtisch am Mittag eventuell 1 Eßlöffel tiefgefrorene Brombeeren auftauen lassen.
Vormittag	Trinken (Mineralwasser)
Mittag	Kohlrabirohkost – Bircher-Kartoffeln mit Grüner Quarksauce – Obstsalat
Nachmittag	Trinken (Pfefferminztee)
Abend	Tomatensalat – Roquefortbirne – 1 Scheibe Vollkorn-, 2 Scheiben Knäckebrot

Vital-Müsli

2–3 Eßl. Dickmilch · je 1 Teel. Zitronen- und Sanddornsaft · 1 kleiner Pfirsich oder Apfel · 1 Teel. eingeweichte Rosinen · 2 Eßl. Weizenkeimlinge · 1 Teel. Leinsamen

Die Dickmilch mit dem Zitronen- und dem Sanddornsaft verrühren und in ein Glasschälchen füllen. Den Pfirsich oder den Apfel gut waschen, abtrocknen, halbieren, vom Stein oder Kerngehäuse befreien und in feine Spalten schneiden. Die Rosinen abtropfen lassen, die Weizenkeimlinge gut waschen. Alles über die Dickmilch geben und mit dem Leinsamen bestreuen.

Kohlrabirohkost

1 kleiner Kohlrabi · 1 Teel. Sonnenblumenöl · 2 Eßl. saure Sahne · 1–2 Teel. Zitronensaft · 1 Prise Meersalz · ½ Teel. gehackter Dill · 1 Teel. Kokosraspel

Den Kohlrabi waschen und schälen, kleine zarte Kohlrabiblättchen kleinhacken und zurückbehalten. Den Kohlrabi grobraspeln oder vierteln und in feine Scheiben hobeln. Aus dem Öl, der sauren Sahne, dem Zitronensaft und dem Meersalz eine Sauce rühren und über den Kohlrabi gießen. Die Rohkost mit dem gehackten Dill, den Kokosraspeln und dem Kohlrabigrün bestreuen.

Bircher-Kartoffeln

2 Kartoffeln (200 g) · 1 Teel. Öl · je 1 Prise Majoran und Kräutersalz · ½ Teel. Kümmel

Den Backofen auf 200° vorheizen. Die Kartoffeln unter fließendem kaltem Wasser gut abbürsten. Ein Backblech zur Hälfte mit dem Öl einpinseln und mit einem Teil der Gewürze bestreuen. Die Kartoffeln der Länge nach halbieren, mit der Schnittfläche auf das Backblech setzen, leicht ölen und würzen, in 25–30 Minuten im Backofen garen.

- *Unser Tip:* In einer Pfanne mit Deckel können Sie die Bircher-Kartoffeln auch auf der Herdplatte bei mittlerer

Hitze in etwa 30 Minuten zubereiten. Schneller garen sie, wenn die Kartoffeln der Länge nach zweimal durchgeschnitten sind.

Grüne Quarksauce

2 Eßl. Magerquark · 1 Eßl. Vorzugsmilch · 1 Teel. Sonnenblumenöl · 1–2 Eßl. frisch gehackte gemischte Kräuter wie Petersilie, Schnittlauch, Estragon, Zitronenmelisse, Kerbel und Borretsch · 1 Prise Kräutersalz · einige Tropfen Obstessig

Den Quark mit der Milch und dem Öl glattrühren. Die gehackten Kräuter mit dem Salz unter die Quarkmasse ziehen, mit Essig abschmekken. Die Sauce zu den Bircher-Kartoffeln reichen.

Obstsalat

Je 1 kleine Orange und Apfel · je 1 Teel. Zitronen- und Sanddornsaft · 1 Eßl. Brombeeren

Die Orange schälen, gründlich von den weißen Häutchen befreien, in Spalten teilen und in kleine Stücke schneiden. Den Apfel waschen, abtrocknen, vierteln, das Kerngehäuse herausschneiden und die Apfelviertel in feine Scheiben hobeln. Das Obst mischen und in ein Dessertschälchen füllen. Den Zitronensaft mit dem Sanddorn mischen und über den Salat träufeln. Die Brombeeren darüberstreuen.

Tomatensalat

1 große Tomate (100 g) · 1 Salatblatt · 1 Eßl. saure Sahne · einige Tropfen Zitronensaft · je 1 Prise Kräutersalz und frisch gemahlener weißer Pfeffer · 1 Teel. Schnittlauchröllchen

Die Tomate waschen, abtrocknen und vom Stielansatz befreien, dann in Scheiben schneiden. Das Salatblatt waschen, trockentupfen und die Tomatenscheiben darauf anrichten. Die saure Sahne mit dem Zitronensaft, dem Kräutersalz und dem Pfeffer abschmecken und über die Tomatenscheiben gießen. Den Salat mit dem Schnittlauch bestreuen.

Roquefortbirne

1 reife Birne (Williams Christ) · einige Tropfen Zitronensaft · 2 Eßl. Roquefortkäse (40 g) · 2 Eßl. Magerquark · 1 Eßl. Vorzugsmilch · je 2 Himbeeren und Walnußkerne · 1 Zweig Dill · 1 Scheibe Vollkornbrot · 2 Scheiben Knäckebrot

Die Birne waschen, abtrocknen und halbieren. Das Kerngehäuse mit einem spitzen Teelöffel entfernen. Die Birnenhälften mit etwas Zitronensaft beträufeln. Den Roquefort mit einer Gabel zerdrücken, den Quark untermischen, eventuell mit etwas Milch glattrühren. Die Käsemischung in die Birnenhälften füllen. Mit den Himbeeren, den Nüssen und dem Dillzweig verzieren.
Das Vollkorn- und das Knäckebrot dazuessen.

Hilfen für die Nachfastenzeit

Die Nachfastenzeit beginnt nach den Aufbautagen. Sie kann kurz und ergebnisarm sein, wenn Sie sich rasch wieder auf die alten ausgefahrenen Geleise Ihrer Lebensgewohnheiten schieben lassen. Sie kann aber auch lange dauern und dadurch ergebnisreich für Sie sein, wenn Sie bereit sind, Ihre falschen Eßgewohnheiten umzustellen und sich auf Dauer vollwertig zu ernähren.

Wer es schafft, wenigstens drei Monate lang nach den neuen Lebensprinzipien im Sinne dieses Ratgebers zu handeln und sich außerdem vollwertig zu ernähren, darf sicher sein, daß er sein Leben positiv verändert hat.

Neue Lebensprinzipien

Zur Nachfastenzeit gehört aber auch die kritische Auseinandersetzung mit Ihrer Lebensweise, den Gewohnheiten der Familie, Ihrer Berufswelt und die Auseinandersetzung mit den Denkklischees unserer Gesellschaft.

Wie halte ich mein Gewicht?

Seien Sie nicht enttäuscht, wenn die Waage während der Aufbautage einen Aufwärtstrend zeigt. Sie wissen, daß die Entwässerung im Fasten und die fehlende Darmfüllung während des Aufbaus wieder ausgeglichen werden. Ein bis zwei Kilogramm Gewichtszunahme während der Aufbautage sind für Übergewichtige normal. Wie aber können Sie Ihr Gewicht halten?

Ein Ziel setzen

Fragen Sie sich zunächst, welches Gewicht Sie ansteuern:

Istgewicht
- *Ich möchte mein Gewicht halten.* ________ kg

Zielgewicht
- *Ich möchte weiter abnehmen, wieviel in welcher Zeit? Ich setze mir ein erreichbares Ziel.* ________ kg

Sehr hilfreich ist es, solche Gewichtsziele an besondere Ereignisse zu binden:

Wunschgewicht

_______ kg

● *Bis Weihnachten, Ostern, bis zum Geburtstag oder zum Urlaubsbeginn möchte ich mein Wunschgewicht erreicht haben.*
Was aber heißt »Wunschgewicht« – ist das wirklich Ihr persönliches Gewicht?

▶ Prüfen Sie bitte, wessen Wunsch Sie da eigentlich nachkommen wollen, Ihrem eigenen, dem Ihres Ehepartners, dem Ihrer Mutter? Oder folgen Sie Ihrem Traum, der möglicherweise wenig mit der Wirklichkeit zu tun hat?
Das sogenannte Normalgewicht entspricht dem statistischen Durchschnitt einer großen Zahl von Menschen – sind Sie denn ein Durchschnittsmensch?

Wenn Sie Ihr Gewicht halten oder weiter abnehmen wollen, helfen ein klares Ziel und einige einfache Regeln.

Einfache Regeln, die helfen

Mit einigen einfachen Regeln werden Sie für lange Zeit Ihr Gewicht halten oder weiter vermindern können. Nach allem, was Sie während der Fasten- und Aufbauzeit bewußt erlebt haben, werden Sie diese Regeln weit besser befolgen können als zuvor.

Wiegeregel

▶ Machen Sie sich das Wiegen zur Gewohnheit, wiegen Sie sich täglich oder wöchentlich. Wichtig ist, daß Sie Ihr Gewicht einmal in der Woche aufschreiben. Die Wiegekarte, auf der Sie Ihr Zielgewicht eingetragen haben, liegt oder hängt samt Stift neben der Waage.

Weglaßregeln

▶ Sie haben während der Fasten- und Aufbauzeit zu verzichten gelernt. Verzichten Sie jetzt auf jedes Zuviel; deshalb Vorsicht schon beim Einkauf: Nie hungrig einkaufen und stets streng nach Einkaufszettel, der alles Notwendige enthält.
Einige Hilfen (siehe auch Seite 65/66):
Meiden Sie Dickmacher, essen Sie weniger Fett, die Hälfte von dem, was Sie früher gegessen haben, ist genug! Machen Sie ver-

stecktes Fett ausfindig (Prozentangaben auf den Packungen studieren, Kalorien-Tabelle befragen).
Seien Sie bei Zucker sehr sparsam; besser noch: Lassen Sie ihn weg! Süßigkeiten machen dick und krank.
Seien Sie vorsichtig mit Weißmehl und allem, was daraus gemacht wird: Teigwaren, Kuchen, Gebäck, Semmeln, Brot. Essen Sie Fleisch und Wurst höchstens einmal am Tag, zwei Tage in der Woche weder Fleisch noch Wurst!
Beim Kochen wenig Salz verwenden! Würzen Sie mit Küchenkräutern; salzen Sie bei Tisch nicht nach.
Alkohol hat viele Kalorien und kann leicht vom Genuß- zum Suchtmittel werden. Lassen Sie Limonaden, Coca-Cola und ähnliche Süßgetränke für immer weg! (Siehe auch Seite 55–57.)

Ernährungsregeln

▶ Vollwertig essen (Seite 61). Reichlich frische Salate essen – immer als Vorspeise. Wenig ist genug, dafür biologisch wertvoll. Ihr Körper braucht weniger als Sie wußten; Sie haben es im Aufbau erlebt.

Essensregeln

▶ Essen Sie nie nebenbei oder zwischendurch; Nahrungspausen sind Erholung für Magen und Darm (Seite 49).
Richtig essen, bewußt genießen heißt: weniger brauchen. Kauen Sie jeden Bissen, bis er flüssig ist – 35mal.
Lassen Sie stehen, was zuviel ist.
Satt ist richtig, *voll* schon zuviel. (Siehe auch Seite 21.)

Trinkregeln

▶ Durst mit Wasser oder Kräutertee löschen (Seite 54).
Wasser hilft auch gegen Hunger; dies haben Sie auch als Fastende(r) erfahren.
In der Nahrungspause trinken.
Genußmittel sind nur zum Genießen da: maßvoll!

▶ Sie gewinnen Mut und Klarheit für die Nachfastenzeit, wenn Sie sich jetzt aus diesen Sätzen jene herausschreiben, die für Sie besonders wichtig sind (siehe auch Seite 20). Formen Sie daraus Ihre Vorsätze nach dem Motto:
Ich setze mir erreichbare Ziele.
Schreiben Sie Ihre Vorsätze auf ein Blatt Papier, das Sie in Ihrer Küche oder im Bad neben der Wiegekarte aufhängen.

Verzicht-Training

Ich habe während des Fastens erstaunlich gut verzichten können; auf was konnte ich verzichten? Überlegen Sie, schreiben Sie es auf. Nehmen Sie sich auch die Zeit, sich bewußt zu machen, was Ihnen im Alltag lieb und wert war: Kaffee, Tee, Tabak, Kuchen, Eis, Schokolade, Pralinen, Kekse, Salzgebäck, Knuspersachen aus der Tüte, Kaugummi, Bonbons, Bier, Wein, Schnäpschen, Zwischenhäppchen, Fernsehknabbereien, auch das, was Ihnen angeboten wurde. Und wie war es mit dem Verzicht auf die gewohnte Zeitung, auf Radio, Fernsehen, Telefon?

Jeder Verzicht ist ein Sieg

Jetzt machen Sie Bilanz:
Ich konnte auf viel / auf allerhand / auf wenig verzichten.
Wie war das während der Aufbautage? Anders als während des Fastens? Wie lange blieb mir die Fähigkeit, etwas nicht zu brauchen oder bei Angeboten nein zu sagen?

▶ Setzen Sie Ihr Verzicht-Training in der Nachfastenzeit fort! Aber bitte: Vermerken Sie nur den gelungenen Verzicht. Vergessen Sie zunächst, was Ihnen noch zu tun bleibt. Für jeden Verzicht dürfen Sie sich loben. Ein Verzicht ist dreimal mehr wert als eine Selbstbeschuldigung.

Bewegungsbedarf sättigen

Wieviel an Bewegung braucht Ihr Körper? Im Fasten haben Sie erlebt, wie groß Ihr Bewegungsbedürfnis ist, Sie konnten den natürlichen Bewegungsdrang Ihres Körpers befriedigen. Versuchen Sie, auf einem Blatt Papier Ihre täglichen Aktivitäten während des Fastens aufzuschreiben:

Aufschreiben hilft

Was habe ich am Morgen getan, wie lange, wie oft in der Woche? War es Gymnastik, der Morgenlauf, ein Spaziergang? Wann und wie lange bin ich gewandert, geschwommen, Rad gefahren? Welchen Raum haben Sport und Spiel, Garten- oder andere Arbeiten eingenommen?
Als Fastenerfahrener wissen Sie, daß Nahrungsaufnahme und Kraftentfaltung nicht unmittelbar zusammenhängen. Sie haben während des Fastens aus den Energiereserven Ihres Körpers gelebt, aus gespeicherter Energie. Das Erstaunlichste: Selbst bei körperlicher

Anstrengung hatten Sie keine Probleme! Sie haben gelernt, daß es auch außerhalb des Fastens während der nahrungslosen Zeit zwischen zwei Mahlzeiten, in den Nahrungspausen, so ist, während Schwäche oder Erschöpfung eher in Verbindung mit Essen auftreten, meist in der Stunde nach den Mahlzeiten.
Sie haben erlebt: *Bewegung sättigt. So werde ich einen Teil meiner Eßprobleme meistern können. Ich muß also Bewegung in meinen Alltag einbauen.*

Bewegung sättigt

▶ Machen Sie sich einen festen Plan. Überlegen Sie sich, was Sie morgens vor dem Aufstehen tun können, was auf dem Weg zur Arbeit; wo und wann Sie Zeit haben für Bewegung – im Beruf, bei der Hausarbeit. Auf welche eingeschliffenen Bequemlichkeiten können Sie verzichten? Müssen wir zum Beispiel in Arbeitspausen nur sitzen, essen, trinken und schwatzen?
Welche Art von Bewegung macht Ihnen Spaß – am Feierabend, am Wochenende, am freien Tag? Hier planen Sie Sport und Spiel oder die Gartenarbeit zeitlich so ein, daß sie mit einer Nahrungspause zusammenfallen. Oder umgekehrt: *Bewegung hilft mir, eine längere Nahrungspause durchzuhalten.*
Ihren Urlaub planen Sie so, daß Ihre Familie und Sie genügend Bewegungsmöglichkeiten haben.

Was auch immer Sie sich vornehmen – ob Morgenlauf, Spaziergang oder Gymnastik – planen Sie es fest in Ihren Tagesablauf ein!

■ Als Maß für ausreichende Bewegung läßt sich folgende Faustregel aufstellen: Sich täglich einmal in frischer Luft ausarbeiten, außer Atem sein oder ins Schwitzen kommen.

Das Ruhebedürfnis ernst nehmen

Im Fasten konnten Sie deutlicher als sonst erleben, daß Ihr Körper auch zu unüblichen Zeiten nach Ruhe verlangte. Überlegen Sie, was sich dabei als wohltuend und hilfreich für Sie erwiesen hat.

In den Alltag übernehmen

Übernehmen Sie Ihre gute Erfahrung in den Alltag. Zum Beispiel nach dem Sport auf dem Teppich entspannen; die Beine hochlagern (Unterschenkel auf einen Sessel) zur Entstauung und gegen Rückenschmerzen; Mittagsschläfchen halten; nach der Arbeit zehn Minuten hinlegen, entspannen oder Autogenes Training machen; früh zu Bett gehen.
Lernen Sie, die natürlichen Bedürfnisse Ihres Körpers zu erkennen, sie ernst zu nehmen.

Die Haut pflegen

Ihre Haut durfte während des Fastens aufatmen; sie schwitzte aus, was übel war, sie bekam Luft und Sonne, wurde geduscht, gebürstet und geölt. Sie dankte es Ihnen mit frischem Aussehen und Straffung.

Was werden Sie jetzt täglich für Ihre Haut tun? Denken Sie daran: Ihre Haut ist ein großes Ausscheidungsorgan, das Sie auch weiterhin in Ordnung halten müssen.

Kaltreiz ist Lebensreiz

Wie war das im Fasten?

Wissen Sie noch, wann und wie oft sie während Ihrer Fastenzeit Ihren Körper mit einem Kaltreiz konfrontiert haben? Waren Ihnen morgens oder auch zu anderen Tageszeiten schon eine Handvoll Wasser ins Gesicht hilfreich, das Tau- und Schneetreten oder kurze kalte Duschen? Haben Sie sich einen Kneipp-Guß gegönnt oder die Sauna, Waschungen, einen Prießnitz-Wickel?

Bauen Sie auch zukünftig Kaltreize, wie immer gestaltet, in Ihren Alltag ein. Unser Organismus bedarf solcher trainierenden natürlichen Reize, wenn er funktionstüchtig bleiben soll, also wach, reaktionsfähig, abwehrbereit, kreislaufstabil, schlafbereit und entkrampft.

Wichtig: Ausscheidung und Ausleitung

Daß Sie während des Fastens alle Ausscheidungsvorgänge nach Kräften gefördert haben, war für die Zeit der großen Entschlackung einer der wichtigsten Grundsätze. Obwohl der Körper in der Nachfastenzeit wieder auf »Einfuhr« schaltet, bleibt auch die »Ausfuhr« lebensnotwendig. Bewegung und intakte Ausscheidung verhindern eine neuerliche Verschlackung der Gewebe und Gefäße. Kopf- und Gliederschmerzen plagen Sie nicht länger.

Mit natürlichen Mitteln regeln

▶ Tragen Sie auch weiterhin Sorge für gelegentliches Schwitzen und saugfähige Kleidung, für frische Luft in Ihren Lungen – und im Schlafzimmer!
Trinken Sie, auch wenn Sie keinen Durst verspüren (Seite 54), vor allem, wenn sich der Urin dunkel färbt.
Der Stuhlgang sollte ein- bis zweimal täglich erfolgen, weich, aber geformt sein und das Gefühl hinterlassen, gut entleert zu sein.
Bei zu festem Stuhl oder zu seltenen Entleerungen brauchen Sie Leinsamen oder Weizenkleie, vor allem aber die Vollwerternährung (Seite 62). Scheuen Sie sich nicht, auch in der Nachfastenzeit, falls nötig, den Einlauf jeden Tag oder alle zwei Tage so lange anzuwenden, bis die täglichen Entleerungen spontan erfolgen. Dazu lohnt es sich, noch einmal im Fastenbuch nachzulesen.

Alte Gewohnheiten überwinden

Sind damit die Probleme des Zuvielessens oder des Überessens und schließlich auch des falschen Genießens eigentlich schon gelöst? Gewohnheiten wurzeln fest. Ernährungsgewohnheiten werden an der Mutterbrust, mit der Flasche, am Familientisch von Eltern oder Großeltern geprägt, später von Schulkameraden, Freunden, schließlich von den Zwängen der Konsumgesellschaft beeinflußt. Je länger wir unangefochten als Normalzustand in unsere Erlebniswelt aufnehmen konnten, daß Nahrung zu jeder Zeit und in jeder Menge zur Verfügung war, bequem zu erreichen, fertig verpackt und billig, desto schwieriger ist es für uns jetzt, eine andere Richtung zu finden.

Seien Sie geduldig

Zweifel stellen sich ein: *Muß ich wirklich über meine Gewohnheiten nachdenken, ist eine Korrektur denn wirklich notwendig, es geht mir doch gut, warum eigentlich soll ich etwas ändern?*

▶ Haben Sie Geduld mit sich. Wenn Ihnen die große Umstellung nicht sofort gelingt, gehen Sie kleine Schritte. Niemand kann auf Anhieb sein Leben radikal verändern, es sei denn, er war sehr krank, oder er hat erlebt, wie schnell es einen erwischen kann, den Freund mit einem Herzinfarkt, die Mutter mit Schlaganfall, die Bekannte mit Kreislaufversagen. Machen Sie sich keine Vorwürfe, wenn Sie noch eine Zeitlang in gewohnter Weise weiterleben; auch ich mache hundertmal die gleichen Fehler. Auf den einen Schritt, der etwas verändert, kommt es an.

Geben Sie nicht auf

▶ Bitte geben Sie nicht auf, auch wenn Sie in alte Gewohnheiten zurückfallen. Es hat sich nämlich doch etwas bei Ihnen verändert: Sie sind seit dem ersten Fasten nicht mehr der gleiche Mensch. Sie sind wacher geworden; Sie erkennen früher, wie die Stationen gekennzeichnet sind, die in die falsche Richtung führen. Zunehmende Trägheit, Mißbehagen, Reizbarkeit, Unzufriedenheit mit sich selbst – dies alles wird Ihnen rechtzeitig sagen, daß Sie wieder einmal unterwegs sind in Richtung Leistungsknick, Krankheit, letztlich vielleicht in Richtung Lebensgefahr. Was am besten hilft: Abspringen aus alten Gewohnheiten in ein erneutes Fasten, eine nochmals bewußt durchlebte Nachfastenzeit mit einem wiederholten oder sogar vertieften Programm.

Entlastungstage

Ist für Sie im Augenblick aus beruflichen Gründen eine Fastenwoche ungünstig, schalten Sie einen Entlastungstag ein.

▶ Suchen Sie sich aus unseren Vorschlägen jenen aus, der Ihnen entgegenkommt und für Sie am ehesten zu verwirklichen ist.
Planen Sie gleich weitere Entlastungstage ein, damit Sie sich nicht jedesmal neu entschließen müssen.
Machen Sie Ihren Entlastungstag zur festen Regel: Zum Beispiel jeden Montag oder jeden Freitag – vielleicht sogar an zwei Tagen der Woche – oder an mehreren Tagen.

Reistag

Morgens 1 Apfel oder 1 Grapefruit.
Für mittags und abends 100 g Reis, am besten Naturreis, in 0,2 l Wasser ohne Salz dünsten.
Mittags die Hälfte davon mit 2 gedünsteten Tomaten, gewürzt mit Kräutern.
Abends die zweite Hälfte als Reis-Obst-Salat oder mit Apfelmus (ohne Zucker).

Obsttag

3 Pfund Obst verschiedener Art, auf 3 Mahlzeiten verteilen. Gut kauen! Oder machen Sie mal einen Melonentag, im Frühsommer einen Erdbeertag, einen Traubentag im Herbst.

Frischkosttag

Morgens Obst, Obstsalat oder kleines Birchermüsli.
Mittags Rohkostplatte (Seite 68) und Kartoffel in der Schale.
Abends kleine Rohkostplatte, einige Nüsse und Rosinen.

Milchtag

1 l Milch oder Buttermilch, eventuell mit Fruchtsaft »würzen« – in 5 Portionen aufteilen.
Eine andere Form: 5mal die gleiche Menge Joghurt oder Dickmilch (mit ungesüßtem Sanddornsaft).

Kartoffeltag

Morgens 1 Stück Obst.
Mittags 300 g Kartoffeln in der Schale, gewürzt mit Kümmel und Majoran, ohne Salz, mit 2 Tomaten, 1 kleinen Salatgurke oder Blattsalat.
Eventuell 50 g Hüttenkäse.
Abends 300 g Backkartoffeln (ohne Fett) mit 2 frischen Tomaten und Zwiebelringen.
Eventuell 50 g Magerquark.

Sauerkrauttag

1 kg Sauerkraut ohne Salz (Reformhaus), in 3 Portionen geteilt, angemacht mit etwas Öl und Zwiebeln oder mit Wacholderbeeren.

Fischtag (beispielsweise Freitag)

Morgens 1 Stück Obst.
Mittags 200 g Fisch, gedünstet oder gegrillt, mit 150 g Gemüse, Salat oder Kartoffeln.
Abends dasselbe wie mittags, immer ohne Salz, Fett, Zucker oder Mehl, gewürzt mit Zitrone.

▶ Es ist wichtig, daß Sie an Entlastungstagen viel trinken! Die Flüssigkeit ist notwendig, um abgebaute Schlackenstoffe auszuschwemmen. Gut geeignet sind Wasser und Kräuter- oder Früchtetees (Seite 59). Verzichten Sie möglichst auf Kaffee, Schwarztee, kalorienhaltige Getränke (wie Limonaden und Obstsäfte) und auf Alkohol.
Trinken Sie wie beim Fasten mehr, als der Durst verlangt – das hilft auch gegen aufsteigende Hungergefühle.

Trinktage

Die strengere Form eines Entlastungstages ist die eines Trinktages. Während Sie an den übrigen Entlastungstagen etwa 800 Kalorien/3360 Joule zu sich nehmen, sind es an einem Trinktag nur 0 bis 200 Kalorien/840 Joule. Ein Trinktag ist schon ein richtiger Fastentag.

Teetag

5mal 2 bis 3 Tassen Tee nach Wahl trinken (Seite 57).

Safttag

1 l Obst- oder Gemüsesaft mit ½ l Wasser oder Mineralwasser vermischen, in 5 Mahlzeiten aufteilen, schluckweise trinken.

Molketag

1 ½ l Molke (Reformhaus) in 5 Mahlzeiten aufteilen, schluckweise trinken.

▶ Gemüsebrühe (Seite 92) zum Trinktag: etwas Warmes.

Der besondere Tip:

Feiern und Fasten

Was wäre das menschliche Leben ohne Feiern, ohne Geselligkeit, Sinnesfreude, Genuß? Große, üppige Festessen gehören immer dazu. Oft bringt uns aber der Tag danach Katerstimmung, Übelkeit oder auch nur Appetitlosigkeit – der Körper verlangt den klugen Ausgleich. Warum fasten wir dann nicht einfach? *Ein bis zwei Entlastungs- oder Trinktage* sind jetzt genau das Richtige: Sie helfen dem Körper, alles Zuviel schnell wieder loszuwerden.
Bewährt hat sich das Prinzip »Fasten und Saures«: Sauerkraut- und Grapefruitsaft (zur Hälfte mit Wasser verdünnt) und Molke, oder Bitteres wie Wermut- oder Leber-Galle-Tee (ohne Honig!) unterstützen den Körper dabei, schnell wieder ins Lot zu kommen
Übrigens: Fasten *vor* dem Feiern kann hilfreich sein für den, der das Fest dann maßvoll genießen möchte.

Das Prinzip Fasten

Fastenwoche wiederholen

Nahrungsverzicht für jeweils kurze Zeit gehörte schon immer in das Leben des Menschen; wohl deshalb entsteht in uns allen von Zeit zu Zeit ein natürliches Verlangen danach. Für viele Menschen gehören Fastenzeiten so selbstverständlich zum Jahresrhythmus wie Sommer und Winter. Christen fasten nach jahrtausendealten Bräuchen im Advent oder zwischen Aschermittwoch und Ostern, Mohammedaner während der Zeit des Ramadan, Juden vor dem Passah-Fest. Andere wieder pflegen regelmäßig während des Urlaubs zu fasten; sie planen so, daß die Nachfastenzeit noch in ihren Urlaub fällt. So haben sie Zeit zum Ausprobieren von neuen Speisen und für das Essen in gepflegtem Stil.

Was Sie einmal gelernt haben, bleibt Ihnen erhalten. Selbst wenn jedes erneute Fasten der Anleitung und der Korrektur bedarf (Fastenleiter, Fastenbuch), wird es leichter und unkomplizierter sein, weil Ihnen bereits bekannt ist, wie es abläuft.

Rechtzeitig wieder fasten!

▶ Wählen Sie die für Sie richtige Zeit, günstige Umstände, und fasten Sie wieder. Dies ist besser, als sich gehenzulassen und aus zorniger Enttäuschung über sich selbst in Resignation zu verfallen, wenn das Gewicht steigt und steigt.
Legen Sie jetzt schon den Termin für die nächste Fastenwoche fest. Sie wissen ja, daß eine Fastenwoche nicht nur Gewichtsverlust, Entgiftung und Entschlackung bedeutet, sondern Ihnen vor allem dabei hilft, verzichten zu lernen und einen neuen Essensstil einzuüben.
Nach der Fastenwoche werden Sie mit sich wieder zufriedener sein und Mut zu einem neuen Anfang gewonnen haben. Was Sie aber sofort tun können: einen Trinktag einlegen (Seite 47), die einfachste Form eines Fastens. Trinktage können Sie jederzeit auch ohne Glaubersalz zum Auftakt und ohne Aufbautage danach durchführen.

Stufenweise Übergewicht vermindern

Jeden Monat eine Fastenwoche und drei Wochen Nachfastenzeit – das wäre der ideale Plan, um Übergewicht in den Griff zu bekommen. Ein 5- oder 7-Tage-Fasten im 4-Wochen-Turnus können Sie ohne Gefahr planen, wenn Sie sich an die Regeln der Nachfastenzeit halten. Vollwertige Nahrung garantiert, daß Ihr Körper alles erhält, was er zum Leben braucht, ohne daß Fettpolster oder Eiweißdepots aufgefüllt werden. Der wichtigste Vorsatz eines solchen Stufenplans: Das jeweils letzte Gewicht einer Fastenzeit eisern halten! Wer viel Übergewicht abbauen möchte, kann dies in der Nachfastenzeit mit Hilfe von Frischkost oder Reduktionskost tun.

Vollwertkost hilft

Fasten für Schlanke

Auch schlanke Menschen haben das Bedürfnis, hin und wieder ein Fasten zu erleben, sei es aus religiösen Motiven oder kosmetischen Gründen oder einfach, um Innenerfahrung zu sammeln. Sie sollten wissen, daß Sie verlorenes Körpergewicht innerhalb von 3 bis 4 Wochen wieder aufholen, und Beschwerden, wie sie durch einen zu niedrigen Blutdruck verursacht werden, nur kurzfristig auftreten. Warnen möchte ich Untergewichtige vor einem zu langen Fasten; fehlen Fettreserven, kann es zum Verlust von Muskulatur kommen. Entschlacken und entgiften sollten Untergewichtige statt durch Fasten durch viel Bewegung und Schwitzen, vor allem aber durch gute Darmentleerung bei vollwertiger Kost.

Fasten im Alltag

Wie war es während der Aufbautage: Hatten Sie zwischen den drei Hauptmahlzeiten Hunger, richtigen Hunger? Oder meldete sich nur die alte Gewohnheit, es sei eine Zwischenmahlzeit einzunehmen? »Ich müßte doch eigentlich mehr essen, um zu Kräften zu kommen«, das ist eine ebenso verbreitete wie falsche Vorstellung. Die normale »Flaute« der ersten drei Aufbautage, während der man nicht besonders aktiv, sondern eher müde und träge ist, scheint dies zwar zu bestätigen, durch ein Mehr an Nahrung aber kann man die Flaute eher vertiefen als beheben.

Zwischenmahlzeit oder Nahrungspause?

Lassen Sie Ihren Kopf denken, was er will – hören Sie auf Ihren Körper. Er signalisiert auch in den folgenden Aufbautagen keinen Hunger zwischen den Mahlzeiten, sondern ist satt und zufrieden. Und erstaunlicherweise sind Sie in den nahrungsfreien Zeiten, den Nahrungspausen, leistungsfähiger als in der Stunde nach einer Mahlzeit. Erinnern Sie sich bitte: Kraft bekommt der Körper nicht aus der Mahlzeit direkt, sondern aus seinen Energiespeichern.
Heißt das, daß der Körper zwischen Morgen und Mittag, zwischen Mittag und Abend »fastet«, wenn er nichts zu essen bekommt? Sobald die Abendmahlzeit verdaut ist, was je nach Schwere der Speisen zwei bis drei Stunden beansprucht, schaltet der Körper von Energieprogramm I auf Energieprogramm II: »Fasten« (Seite 18).

Ernährung aus Körperdepots

Von Kraft und Wärme aus unseren Nahrungsdepots leben wir während der Nacht bis zum Frühstück (breakfast = Fastenbrechen), mit dem die Rückschaltung auf das Energieprogramm I erfolgt: »Essen«. Ebenso wie in der Nacht reagiert unser Organismus in den kürzeren Nahrungspausen von etwa fünf Stunden zwischen Frühstück und Mittagessen oder Mittag- und Abendessen.

Fasten und Essen im Wechsel

Essen – Fasten – Essen – Fasten – Essen – Fasten während der Nacht; in diesem Rhythmus leben wir Tag und Nacht. Ziehen wir von den fünfstündigen Nahrungspausen am Vormittag und am Nachmittag je zwei Stunden, und vom nächtlichen Fasten zwei bis drei Stunden für die Verdauungsarbeit ab, so bleiben zweimal drei Stunden Fasten während des Tages und elf bis zwölf Stunden Fasten während der Nacht. Dies kann im naturgegebenen Rhythmus jedoch nur geschehen, wenn wir die Fastenregeln in der Zwischenzeit einhalten:

Fastenregeln – für die Nahrungspausen

Totaler Nahrungsverzicht: keinen Bissen!
Viel trinken.
Freiwillig, mit innerer Bereitschaft.

Jedem in sich ruhenden, einigermaßen ausgeglichenen Menschen ist ein solches Fasten im Alltag möglich, vorausgesetzt, er ernährt sich vollwertig, nimmt also Nahrung mit einer lang anhaltenden Sättigungswirkung zu sich. Für Menschen, die in innerer oder äußerer Zerrissenheit leben, ist das Fasten im Alltag allerdings schwierig. Der Sinn des Wechsels zwischen Essen und Fasten liegt nicht allein darin, daß Kalorien eingespart werden durch das Wegfallen der Zwischenmahlzeiten; der besondere Gewinn liegt vielmehr im harmonischen Wechsel zwischen Speicherung und Entspeicherung von Energie, zwischen Aufnahme von Nahrung und Abgabe von Schlacken. Wir folgen damit einem natürlichen, sinnvollen Rhythmus unseres Stoffwechsels und gönnen dem Magen-Darm-Kanal die nötigen Pausen.

Der Sinn des Wechsels

Die kleine Nahrungspause

Bei Hunger oder Gelüsten zwischendurch: Trinken hilft!

Sie ist leicht zu erlernen. Nutzen Sie Ihre Erfahrung: Verzichten Sie auf jede Art von Nahrungsaufnahme zwischen den Mahlzeiten mit der gleichen Disziplin wie im Fasten. Trinken Sie beim Auftreten von Hunger oder kleinen Gelüsten ein Glas Wasser oder eine Tasse Tee, lenken Sie sich ab durch Bewegung oder Arbeit. Falls Sie sich »flau« fühlen, legen Sie sich fünf Minuten hin und lagern die Beine hoch; rasch geht es Ihnen wieder gut.

Fasten zwischen den Mahlzeiten

Sie werden erleben, daß Ihr Körper ziemlich lange, vielleicht sogar für immer bei diesem Rhythmus bleiben mag. Bejahen Sie ihn, denn er ist sinnvoll und segensreich. Die gemütliche Tee- oder Kaffeestunde am Vor- oder Nachmittag muß deshalb nicht ausfallen – Ihren Gästen bieten Sie etwas Eßbares an, während Sie selbst nur trinken. Dies wird erfahrungsgemäß eher toleriert als ein Nicht-Mitessen bei einer der Hauptmahlzeiten.

Eine Zwischenmahlzeit brauchen Sie erst dann, wenn Sie hungrig bleiben – vielleicht, weil das Frühstück nicht ausreichend sättigt oder nicht lange genug vorhält. Verzichten Sie dann auf diese Nahrungspause.

Die große Nahrungspause

Fasten zwischen Frühstück und Abendessen

Gehören Sie zu den Menschen, die ohne Schwierigkeiten eine größere und kräftige Mahlzeit vertragen? Die ein ausgiebiges Frühstück »wie ein Kaiser« bevorzugen und dann am liebsten über Mittag durcharbeiten? Dann sind Sie geeignet, die zehnstündige Nahrungspause am Tag durchzuhalten zwischen dem 8-Uhr-Frühstück und dem 18-Uhr-Abendessen. Mittags verhalten Sie sich wie ein Fastender: Arbeitspause; Gemüsebrühe, Fruchtsaft oder Tee trinken. Gönnen Sie sich einen Spaziergang in frischer Luft, eine kurze Mittagsruhe. Auch Sport darf (wie Sie als Fastenerfahrener wissen) in die Nahrungspause eingeplant werden.

Die verschiedenen Möglichkeiten, im Alltag zu fasten, sind für viele Menschen ein Segen; sie sind seltener krank, fühlen sich bei dem neugefundenen Rhythmus großartig und haben darüber hinaus die Genugtuung, sich von Eßzwängen befreit zu haben, die sie jahre- oder jahrzehntelang belasteten.

Fasten über Nacht

Mindestens 12 Stunden

Die noch größere Nahrungspause von 20 Uhr abends bis 8 Uhr morgens – mindestens 12 Stunden – sollte von allen gesunden Menschen jeden Alters respektiert werden. Menschen, die an einem Zwölffingerdarmgeschwür und dem dafür typischen Nüchternschmerz leiden, sowie unterernährte oder kranke Menschen, die auf häufige kleine Mahlzeiten angewiesen sind, können eine lange Nahrungspause natürlich nicht einhalten. Menschen, die maßlos essen, weder kleine noch große Nahrungspausen und auch nicht das Fasten über Nacht einhalten, sind gefährdet, weil sie langsam aber sicher »verschlacken«.

Das Morgenfasten

Frühstück erst am Vormittag

Die nächtliche Nahrungspause können Sie mit Gewinn auf 14 Stunden ausdehnen. Dieses »Morgenfasten« ist für jene Menschen geeignet, die frühmorgens keinen Appetit haben und besser nur trinken sollten (Seite 54). Gegen 10 Uhr nehmen sie dann gern ihr Frühstück ein, das zu dieser Zeit auch besser vertragen wird. Morgendliche Müdigkeit und Unlustgefühle kann man allein durch diese kleine Verschiebung des Frühstücks beheben. Natürlich gibt es auch andere Rhythmen. Der Morgenfaster frühstückt vielleicht gerne um 10 Uhr reichlich und braucht dann nichts mehr bis 18 Uhr, wonach für ihn das längere Fasten über Nacht beginnt; er hat dann eine 8- und eine 14stündige Nahrungspause.

Fasten bei Krankheit

Die Natur bietet uns eine andere Form von Nahrungspause an: die Appetitlosigkeit bei *Fieber, Durchfall* oder *Magenverstimmung*.

Im Fasten haben Sie gelernt, wie man sich in diesen Situationen richtig verhält:

Ruhe, Wärme, Trinken

Ruhe, Geborgenheit, Wärme – das ist das Wichtigste.
Trinken Sie reichlich: Lindenblüten- und Holundertee bei Fieber; Wermut-, Tausendgüldenkraut-, Kamillentee bei Durchfall; Kamillen-, Fenchel-, Melissentee bei Magenverstimmung. Keinen Honig! Essen Sie Gemüsebrühe erst dann, wenn der Körper so etwas aufnehmen möchte.
Frische Luft im Krankenzimmer ist wichtig.

Ausscheidung fördern

Alle Ausscheidungen müssen gefördert werden. Das Schwitzen können Sie mit feuchten Wickeln oder Packungen fördern. Durchfall und Erbrechen sind natürliche Ausscheidungsvorgänge, die keinesfalls zu früh gestoppt werden dürfen; im Fieber und bei Magenverstimmung sollten Sie ein- bis zweimal täglich einen Einlauf machen. Bei Durchfall nehmen Sie drei- bis fünfmal täglich einen Teelöffel Heilerde.

Wichtig: der Kostaufbau

Sobald Sie sich besser fühlen, kommt der Appetit zurück; dann verfahren Sie wie beim Kostaufbau nach dem Fasten. Einen Apfel essen Sie besser gerieben und mit Leinsamen vermischt.

Sie werden sehen, wie rasch diese Beschwerden mit Hilfe der natürlichen Versorgung – und ohne Medikamente – ausheilen können.

Bitte beachten Sie:

Da Fieber, Durchfall oder Magenverstimmung auch Symptome für schwerere Krankheiten sein können, sollten Sie im Zweifelsfall einen Arzt zu Rate ziehen. Von Ihrer Selbsthilfe sollten Sie ihm unbedingt berichten.

Richtig trinken

Flüssigkeit schwemmt aus

Fasten bedeutet Verzicht auf Nahrung, jedoch reichliches Trinken. Sie haben das Trinken während dieser Zeit als eine wichtige Sache erlebt. Ohne Flüssigkeit könnte der Körper die abgebauten Schlakkenstoffe nicht aus Gewebe und Organen entfernen; Flüssigkeit spült durch und schwemmt aus. Am Durst und an der Farbe des Urins haben Sie den jeweiligen Flüssigkeitsbedarf Ihres Körpers erkannt (dunkler Urin zeigt an: mehr trinken). Halten Sie diese Erkenntnis Ihr Leben lang fest!

Trinken Sie auch nach dem Fasten weiter reichlich: Mineralwasser, Kräuter- und Früchtetees oder auch mal verdünnte Säfte.

▶ Kalorienfreie Getränke wie Tee und Wasser bleiben für Sie wichtig. Kalorienhaltige Getränke wie Obstsaft und Gemüsebrühe haben während des Fastens die beiden Hauptmahlzeiten ersetzt; sie sind Vitamin- und Mineralienspender und haben etwa 60 bis 80 Kalorien pro Portion/Glas. Sie sind jetzt entbehrlich, es sei denn, Sie möchten weiter abnehmen und deshalb gelegentlich eine Mahlzeit durch eine Gemüsebrühe ersetzen.

▶ Daß Trinken Hunger stillen kann, haben Sie während der Fastenzeit erlebt; Sie sind sogar mit hartnäckigen Gelüsten fertig geworden – einen natürlicheren Appetitzügler gibt es nicht.

▶ Überlegen Sie, welches Wasser Ihnen für den Alltag am besten schmeckt, und trinken Sie es aus Ihrem Lieblingsglas. Ihre Teevorräte müssen frisch sein und deshalb häufiger ergänzt werden. Probieren Sie neue Sorten aus (Seite 59).

▶ Mißbrauchen Sie das Trinken nie als »Spülmittel« für schlecht gekaute Bissen! Auf diese Weise schaffen es hastige Esser, ihre Mahlzeiten in kürzester Zeit hinter sich zu bringen – allerdings mit dem Ergebnis, daß sie zuviel Nahrung, die überdies schlecht verdaut wird, ohne Genuß zu sich nehmen. Trennen Sie Essen und Trinken voneinander, so wie Tiere es tun. Trennen Sie wenigstens das Kauen vom Trinken.

Essen vom Trinken trennen

Schwarztee und Kaffee

Schwarztee und Kaffee enthalten Tein beziehungsweise Koffein; beide Getränke sind damit Anregungs- und Kreislaufmittel, also im eigentlichen Sinn Medikamente. Bei Fastenflauten, verbunden mit niederem Blutdruck, dem Gefühl der Kopfleere und unüberwindlicher Müdigkeit, konnte eine Tasse schwarzer Tee recht hilfreich sein, war für manchen gelegentlich die »Rettung«.

Zur Anregung

Kaffee und Tee gelten aber auch insofern als Medikamente, als sie Nebenwirkungen haben: Hungergefühl durch Anregung der Magensäfte, schlaflose Nächte und Nervosität durch Anregung der Hirntätigkeit. Kaffee und Schwarztee wirken während des Fastens – und auch in der Nachfastenzeit – stärker als sonst.

Nebenwirkungen

▶ Konsequenz: Falls überhaupt nötig, nicht mehr als eine Tasse Kaffee oder schwarzen Tee trinken, nicht zu stark zubereitet und nicht nach 15 Uhr. Bevor Sie Kaffee trinken, sollten Sie sich überlegen, was aus Ihrem Vorsatz, das gewohnheitsmäßige Kaffeetrinken aufzugeben, geworden ist. Ihr Kreislauf hat sich doch im Fasten ohne derartige Anregungen gut zurechtgefunden.
Wenn Sie die geliebte Schale heißen Kaffees zu bestimmten Tageszeiten nicht missen mögen, sollten Sie auf koffeinfreien Kaffee oder auf den guten, alten Malz-Kornkaffee (Caro) umsteigen. Gönnen Sie sich einen »richtigen« Kaffee nur, wenn Sie ihn wirklich dringend nötig haben.
Von den Schwarztees gibt es leichte und milde Sorten; nützen Sie aber vor allem das reichhaltige Angebot guter Kräutertees (Seite 59).

Alkohol

Spirituosen, »harte Sachen«, streichen Sie bitte aus der Getränkeliste der Fasten- und Nachfastenzeit! Wein, Bier und Most stehen auf der Verzichtliste des Fastens und der Aufbautage. In der Nachfastenzeit müssen Sie sich mit ähnlichen Überlegungen wie jenen zum Kaffeekonsum auseinandersetzen.

Steht auf der Verzichtliste

▶ Versuchen Sie, nicht wieder in die Gewohnheit zurückzufallen, regelmäßig Alkohol zu trinken – vielleicht können Sie den Alkohol sogar aufgeben. Kennen Sie Ihre Leberwerte? Wie denken Sie über Suchtverhalten? Wer nach Fasten- und Aufbautagen von einem starken Verlangen nach Alkohol befallen wird, ist suchtgefährdet. Verzicht auf das gewohnte alkoholische Getränk ist die einzige Möglichkeit, von dieser Sucht freizukommen! Dabei hilft es, sich einer Gruppe von Menschen anzuschließen, die das Problem kennen und es gemeinsam angehen.
Auch wenn Sie sich selbst »nur« zu den Gelegenheits- oder Gesellschaftstrinkern zählen, beantworten Sie sich bitte folgende Fragen:

Gewissensfragen

Brauche ich alkoholische Getränke ...

- *als Durststiller?* Durst nur mit Wasser oder Tee stillen!
- *als Genußmittel?* Überlegen Sie bitte: Was genieße ich daran, wieviel Alkohol brauche ich dazu?
- *als Tröster?* Vorsicht; dies führt leicht in die Abhängigkeit.
- *als Streßlöser und Schlafmittel?* Es gibt andere Lösungen wie Autogenes Training, regelmäßige Bewegung in der frischen Luft oder eine Tasse Baldriantee vor dem Schlafengehen.
- *als Geselligkeitsgetränk?* Während einer langen Party sollten Sie immer wieder das Wein- oder Bierglas mit einem Glas Mineralwasser vertauschen. Auch an langen vergnügten Abenden mit Freunden sollten Sie möglichst wenig Alkohol trinken.

Einladung: was anbieten?

Sind Sie der Gastgeber, fragen Sie sich einmal, wie viele Ihrer Gäste vielleicht froh wären, wenn sie nicht mithalten müßten; helfen Sie ihnen, sich vom Wein- oder Bier-Zwang zu befreien, indem Sie auch alkoholfreie Getränke, in jedem Fall ein gutes Mineralwasser anbieten.

Süße Getränke

Süße Getränke wie Coca-Cola, Limonaden, Fruchtgetränke, Süßmoste, Bitterlemon gehören weder in die Fasten- noch in die Nachfastenzeit. Sie gehören überhaupt nicht zu einer gesunden Ernährung, denn sie sind nichts anderes als Zuckerwasser mit Geschmack. Süße Getränke sind ein Musterbeispiel dafür, wie fest gesundheitlich bedenkliche Zivilisationsbräuche in unserem Alltag verwurzelt sind und weltweit sowohl die Eß- als auch die Trinkkultur beherrschen.

Zuckerwasser mit Geschmack

Obst- und Gemüsesäfte

Solange Sie Obst und Gemüse kauen können und damit Ihrem Körper ermöglichen, die wertvollen Nährstoffe langsam aufzunehmen und zu erschließen, brauchen Sie keine Säfte. Jedes Aufbrechen, Zerkleinern und Verarbeiten von Früchten außerhalb unseres Körpers bringt Wertstoffverluste. Der Fruchtzucker fließt, aufgenommen mit Säften, schneller ins Blut, als ihn der Körper brauchen kann.

Mit Wasser verdünnt als Durstlöscher

Als Durstlöscher jedoch sind Obst- und Gemüsesäfte, im Verhältnis 1:1 mit Wasser verdünnt, überaus geeignet. Diese Milderung des konzentrierten Geschmacks der Säfte werden Sie – abgesehen von der erwünschten Kalorienreduzierung – nach der Fastenzeit als ausreichend süß oder wohlschmeckend empfinden.

Kleines Tee-Brevier

Jede Teesorte hat ihren eigenen Charakter; es lohnt sich, die Vielfalt kennenzulernen. Wichtigste Voraussetzung dabei ist, daß die Teedroge gut gepflegt ist; kaufen Sie Ihre Tees in Apotheke, Drogerie, Reformhaus oder im Tee-Laden. In Aufgußbeuteln abgepackter Tee ist zwar sehr praktisch für die Zubereitung, hat aber selten das gleiche duftige Tee-Aroma, das ein aufgebrühter Tee besitzt.

Vielfältiges Tee-Angebot

Etwas *Honig* – ½ Teelöffel pro Tasse genügt – kann den Geschmack vieler Tees unterstreichen. Bittertees jedoch, zum Beispiel

Geschmacksstarke Honigarten können ein feines Tee-Aroma überdecken. Einen guten Imker-Honig sollte man außerdem nie in kochendheißen Tee geben, da seine Wertstoffe dabei zerstört werden.

Ein Teelöffel Honig in einer Tasse Tee hilft bei einer Fastenflaute, bei Erschöpfung nach dem Sport oder bei einer längeren Morgenschwäche rasch auf die Beine. Zwei Teelöffel oder gar ein Eßlöffel Honig allerdings werden so schnell ins Blut aufgenommen, daß sie wie ein Zuckerstoß wirken: Ein bis zwei Stunden danach kann eine Schwäche mit kaltem Schweißausbruch und Zittern auftreten (Unterzuckerung als Folge zu heftiger Gegenregulation des Körpers).

Zucker steht auf der Verzichtliste

Zucker gehört auf die Verzichtliste für die Fasten- und Nachfastenzeit, und hat als Süßmittel auch in der Vollwerternährung nichts zu suchen. Lediglich bei einem akuten Schwächeanfall kann ein Teelöffel Zucker zum Süßen des Tees verwendet werden. Sehr sparsam sollten Sie Zucker zum Würzen von Speisen verwenden.

Zitrone paßt nur zu Schwarztees und zu säuerlichen Teesorten wie Hagebutten-, Malven- und Apfelschalentee. Bei anderen Sorten kann sie leicht das feine Tee-Aroma »erschlagen«, sogar das der Zitronenmelisse. Da Zitrone aber Vitamin C enthält und zudem gerade während Fastenzeiten schlechten Geschmack im Mund schnell korrigiert, sollten Sie mehrmals täglich an einem Zitronenschnitz kauen. Ungesüßtes Zitronenwasser ist eine geschmackliche Alternative zu Mineralwasser.

Den Eigengeschmack guter Tees entdecken

Auf Chemikalien – welcher Art auch immer – haben Sie während der Fastenzeit und während der Aufbautage verzichtet; so soll es auch in der Nachfastenzeit bleiben. Sie haben lange Zeit auch keinen *Süßstoff* verwendet, ein Beweis dafür, wie sich Ihr Bedürfnis nach Süßem verändert hat. Wer den Eigengeschmack guter Teesorten entdeckt hat, braucht keinen Süßstoff mehr.

Die folgende Liste zeigt Ihnen, wie vielfältig unser heimisches Tee-Angebot ist und wie wir es nützen können. Die Heilwirkung der Tees, die meistens auch gut schmecken und sich deshalb zum Durststillen eignen, beschreibt Apotheker Pahlow ausführlich in »Der große GU Ratgeber Heilpflanzen« (Bücher, die weiterhelfen, Seite 109). Tees sollten wieder einen festen Platz in unseren Hausapotheken einnehmen.

	Teesorte	*Zeit zum Ziehen*	*Wirkung/Geschmack*
Blütentees	Kamille	3–5 Minuten	beruhigt und entkrampft Magen und Darm
	Lindenblüten	10 Minuten	verhilft zum Schwitzen; gut bei Erkältungen
	Malve	10 Minuten	schmeckt säuerlich, herb
	Käsepappel	10 Minuten	äußerlich anzuwenden bei Hautreizungen (auch während des Fastens)
	Orangenblüten	5 Minuten	duftender, beruhigender Abendtee
Früchtetees	Hagebutte	2–3 Stunden kalt ansetzen, kurz aufkochen	reich an Vitamin C; schmackhaft
	Apfelschalen		angenehm fruchtig
Samentees	Fenchel	10–15 Minuten	schmackhaft; hilft bei Blähungen
	Kümmel	10–15 Minuten	würzig; hilft bei Blähungen
	Anis	10–15 Minuten	schmackhaft; lindert Hustenreiz
Kräutertees (Blätter und Stengel)	Melisse*	5 Minuten	wasserhell; zart; beruhigend
	Pfefferminze*	5 Minuten	verdauungsfördernd; erfrischend; nimmt schlechten Geschmack im Mund
	Rosmarin	10 Minuten	hilft bei niederem Blutdruck, tonisiert
	Salbei*	5–10 Minuten	nimmt schlechten Geschmack im Mund; hilft bei Magenverstimmung
	Thymian	5–10 Minuten	würzig; gut zum Inhalieren
	Wermut (Bittertee)	3 Minuten	Magentee; tonisiert
	Tausendgüldenkraut (Bittertee)	2–3 Minuten	sehr bitter; hilft gegen Übelkeit
	Brennessel*	5–10 Minuten	fördert Verdauung und Entwässerung; entschlackt
	Birkenblätter*	10 Minuten	verdauungsfördernd
	Brombeer-, Erdbeer-, Johannisbeerblätter*		schmackhaft
Rindentees	Eichenrinde	2–3 Stunden kalt ansetzen, 12 Minuten kochen lassen	hilft bei juckenden und nässenden Hautausschlägen, zum Waschen verwenden
Wurzeltees	Ginseng (Granulat)	übergießen	mild; anregend; tonisiert; Magentee
	Baldrian	kalt ansetzen	beruhigend; schlaffördernd

* Am besten die frisch geernteten Blätter verwenden

In Zukunft: Vollwertkost

**Was genau ist unter »Vollwertkost« zu verstehen? Welche Produkte gehören dazu und was sollte man besser meiden?
Wie wird das alles richtig zubereitet und kombiniert?
Wer bisher »ganz normal« gegessen und gekocht hat, fragt sich vermutlich, ob vollwertige Ernährung nicht viel Aufwand erfordert und ob sie denn überhaupt schmeckt? Das läßt sich nur durch Ausprobieren feststellen…
Mit Tages- und Wochenplänen, Tips und einem vielfältigen Rezeptangebot möchten wir Ihnen den Einstieg in eine gesunde Ernährung so einfach und genußvoll wie möglich machen.
Bei einer Umstellung auf Vollwerternährung ist es allerdings wichtig, daß sie Schritt für Schritt vollzogen wird, weil sich der Körper nur langsam auf die neue Kost einstellen kann.**

Das Richtige essen

Was ist Vollwertnahrung?

»Laßt unsere Nahrung so natürlich wie möglich!« – so einfach formuliert es Professor Kollath, der sich mit seinem Forschen um den Vollwert der Nahrung verdient gemacht hat. Was ist damit gemeint?

Das Ganze ist mehr als seine Teile

Legen Sie ein Getreidekorn nach einem Jahr in die Erde. Es keimt und entfaltet sich zur ganzen Pflanze, die vielfältig Frucht trägt. Niemand würde auf die Idee kommen, dies mit seinen Teilen, mit Mehl, Keimling und Kleie, zu versuchen, denn das Lebendige ist ihnen entzogen. Körner, Samen, Früchte, unzerstörte Pflanzen sind »Lebens-Mittel«. Mit ihnen nehmen wir »Ganzheiten« auf, das Wertvollste für den Aufbau unseres Körpers und zur Erhaltung unseres Lebens. Lebensmittel sind gleichzeitig Naturkonserven, sie enthalten, im Gegensatz zu Nahrungskonserven der Industrie, neben Eiweiß, Fett und Kohlenhydraten, Vitaminen, Mineralstoffen und Ballaststoffen auch Wuchsstoffe, Fermente, Enzyme, Duftstoffe – Stoffe, die »Lebendigkeit« und »Vollwert« naturbelassener Nahrung ausmachen.

Lebens-Mittel

So naturbelassen wie möglich

Solange Zerkleinerung und Erwärmung der Nahrung zwischen den Zähnen und im Magen, im Haushalt und auf dem Herd stattfindet – also während wir essen oder kurz vor dem Verzehr – erhält unser Körper ein Optimum an Werten. Je mehr die Nahrung durch viele, oft komplizierte Prozesse künstlich verändert wird, desto mehr wird sie auf die nackten Inhaltsstoffe reduziert, desto weniger »Lebendigkeit« enthält sie. Aus dem »Lebens-Mittel« ist ein Nahrungsmittel geworden, tote Materie; Vollwerternährung aber bevorzugt »Lebens-Mittel«.

So rein wie möglich

Gleich wichtig neben dem Vollwert steht der Reinwert der Nahrung. Industrielle Haltbarmachung, »Veredelungs«-Prozesse, Düngungs- und Schädlingsbekämpfungsmethoden der Landwirtschaft, Umweltverschmutzung, natureigene Giftstoffe – dies alles hinterläßt Schadstoffe in der Nahrung. Schadstoff-Freiheit wäre die notwendige Forderung, die wir an ein Lebensmittel stellen müßten; wir alle wissen aber, daß es heute großer Anstrengungen bedarf, auch nur Schadstoff-Armut zu erreichen.

Gesund vom Boden her

Gesunder Boden, gesunde Pflanze, gesunder Mensch

Natürliche Produkte, so naturbelassen wie möglich, schadstofffrei aus gesundem Anbau – die Basis der Vollwertkost.

Diese Forderung ist eine nicht weniger wichtige Voraussetzung für die Vollwerternährung. Gesunder Boden – gesunde Pflanze – gesunder Mensch; eigentlich eine Binsenweisheit. Was aber ist »gesunder Boden«? Er sollte ein lebendiger Organismus sein, eine lebendige Ganzheit von Erde, Klein- und Kleinstlebewesen, gewachsen im Rhythmus von Werden und Vergehen. Wir begreifen heute, daß Acker- und Gartenböden immer nur ausgebeutet und durch künstliche Düngung ergänzt wurden, daß ihre Lebendigkeit jedoch kaum gepflegt oder erhalten wurde. Dazu bedarf es eines umfassenden Wissens um biologische Zusammenhänge und seiner konsequenten Umsetzung in die Praxis. Es wird eine unserer zentralen Zukunftsaufgaben sein, die Verödung, das Absterben unserer Böden aufzuhalten. Beginnen Sie mit Ihrem eigenen Garten! Es gibt bewährte Konzepte, gute Bücher (Seite 109) und erfolgreiche Praktiker, vielleicht sogar in Ihrer Nähe. Wenn Sie Salat, Tomaten oder Gewürze aus einem chemiefreien Garten gekostet haben, dann wissen Sie, wieviel wohlschmeckender als gekauftes Obst aus dem Supermarkt Gartenfrüchte sind. Sind Sie Balkonbesitzer, dann machen Sie sich die Aufzucht von Petersilie, Schnittlauch und Bohnenkraut im Blumentopf zum Freizeitspaß.

So frisch wie möglich

Erntefrisch zubereiten

Das gibt es auch heute noch – erntefrisch aus dem eigenen Garten und sofort zubereitet. Hierbei ist der Wertverlust minimal, der Geschmack aber optimal. Der Hausfrau muß bewußt werden, welchen Schatz für die Gesundheit ihrer Familie sie damit in der Hand hat. Frisch gemahlenes Korn aus der eigenen Getreidemühle, schmackhaft zubereitet, ist das Beste, was sie ihren Angehörigen geben kann. Alle lebenswichtigen Stoffe hat die Natur wohldosiert im Getreidekorn konserviert. Über Jahre bleiben sie frisch und lebendig. Werden Getreide, Leinsamen, Nüsse und andere Samen aufgebrochen, verlieren sie bald an Wert und Geschmack. Zwischen Mahlen und Verzehr sollten nicht mehr als acht Tage vergehen; danach werden diese Lebensmittel zunehmend bitter oder ranzig.
Zugegeben, das Zubereiten von Frischkost dauert länger, es erfordert mehr Sorgfalt, mehr Wissen, eine bessere Planung als der schnelle Einkauf von Fertigprodukten und deren Zubereitung. Wer aber eine Zeitlang Vollwertgerichte gegessen hat, wird sich kaum nach der Zivilisationskost zurücksehnen und etwas mehr Arbeit gern auf sich nehmen.

Frischkost – »lebendige« Nahrung

Mindestens ein Drittel der Nahrung

Aus Frischkost (Rohkost), einem der wesentlichsten Bestandteile der Vollwertkost, sollte mindestens ein Drittel, besser die Hälfte der Nahrung bestehen (Seite 66). Je größer der Frischkostanteil, desto eher kann man von *Heilnahrung* sprechen. Nicht nur unerhitztes Gemüse, sondern auch unerhitztes Getreide ist ebenso lebenserhaltend wie heilsam.
Wer die Vollwertkost als Heilnahrung über Monate, Jahre oder für immer braucht, sollte den Frischkostanteil je nach Bekömmlichkeit langsam bis zur »Erweiterten Frischkost« (Seite 67) steigern.

Hilfe bei Gewichtsproblemen

Zum rechten Maß durch Vollwertkost

Als *Reduktionskost* eignet sich die Vollwertnahrung besonders gut wegen ihres hohen Sättigungs- und Befriedigungswertes. Sie brauchen keine Kalorientabelle, weil biologisch vollwertige Kost von innen her Maß und Begrenzung finden läßt. Je länger Sie sich vollwertig ernähren, desto besser erkennen Sie Ihren natürlichen Nahrungsbedarf. Naschereien oder Freßwellen können Sie immer besser umgehen.

Zunehmen – aber wie?

Untergewichtigen dient die Vollwertkost gleichzeitig als *Mastkost*. Sie muß dann keineswegs mehr als etwa 1500 bis 1800 Kalorien enthalten! Entscheidend für die innere Nahrungsverwertung sind: intensives Kauen, sich Zeit nehmen und, falls möglich, nach dem Essen ruhen. Auch warme Füße tragen zur besseren Auswertung der Nahrung bei (beim Essen eine Wärmflasche unter die Füße legen).

Die Umstellung auf Vollwerternährung

Gehen Sie Schritt für Schritt von Ihrer gewohnten Kost zur vollwertigen Ernährung über. Vollziehen Sie die Umstellung behutsam, selbst wenn es Monate dauern sollte.

Regeln für die Vollwertkost

- Vor jeder Hauptmahlzeit Frischkost (Rohkost);
- zu jeder Mahlzeit ein Vollgetreideprodukt;
- ein breit gefächertes Eiweißangebot;
- wenig tierisches Eiweiß und wenig Fett;
- Verzicht auf gehärtete Fette, dafür naturbelassene Öle;
- für Vegetarier: Milchprodukte und Eier in kleinen Mengen;
- für Mischköstler: Fleisch und Fisch als Beilage, nicht als Hauptgericht;
- Trinken vom Essen abkoppeln, Getränke allenfalls als »Würze«.

Bei der Umstellung können Sie durchaus Kompromisse eingehen. Jeder einzelne Schritt ist wichtig: Essen Sie morgens ein Müsli; verzichten Sie zunächst auf Bonbons, später auf den Eisbecher am Nachmittag; essen Sie Vollkornbrot statt Weißbrot, suchen Sie sich aus dem reichen Angebot das aus, was Ihnen am besten schmeckt; verwenden Sie zum Kochen, Braten und Backen nur noch Öl.

Die folgenden Leitlinien sollen Ihnen bei der Umstellung helfen:

Das Richtige essen

Essen Sie mehr	*Essen Sie weniger*
Vollkornprodukte	Weißmehlprodukte, insbesondere Zuckerwaren
frisches Gemüse, frisches Obst	Gemüse und Obst aus Dosen
naturbelassene Pflanzenöle	hochraffinierte Öle
ungehärtete Fette, rohe Butter	gehärtete Fette, Mastfette
schonend behandelte Milch	ultrahocherhitzte Milch
Sauermilch, Käse, Quark	mehrfach erhitzte Käse
Samen, Nüsse, Kerne	gesalzene Nüsse
frische Kräuter	Kochsalz, Fertigwürzen
	Fleisch, Wurstwaren, Eier

Die Frischkost

Frischkost ist pflanzliche Nahrung im ursprünglichen Zustand. Sie darf bei der Zubereitung weder erhitzt noch gedünstet oder gekocht werden; nur so bleiben die wertvollen Inhaltsstoffe in vollem Umfang erhalten.

Rohkost

Frischkost wird auch als Rohkost bezeichnet; weil der Begriff »roh« aber als »grob, rauh, hart« mißverstanden werden kann, verwenden wir in der Vollwertküche lieber den Begriff »Frischkost«.
Frischkost ist lebendige Nahrung. Sie besteht aus allen Teilen der Pflanze: aus Wurzel, Stengeln, Blättern, Samen und Früchten, Keimen und Sprossen. Zur Frischkost gehören deshalb auch Körner, Kräuter und kaltgepreßte Öle. Auch milchsaure und tiefgekühlte Gemüse kann man noch zu den Frischkostprodukten zählen.

Für wen ist Frischkost besonders wichtig?

Frischkost ist die ideale Nahrung für Übergewichtige, die weiter abnehmen und ihren Körper entgiften wollen, weil sie schnell sättigt und wenig Kalorien enthält. Sie ist wichtig für den durch Umweltgifte bedrohten Großstadtmenschen, der mit Frischkost seinen Körper besser entschlacken und ihm wertvolle Inhaltsstoffe zuführen kann. Unentbehrlich ist sie für Kranke, deren Weg vom Fasten über die Frischkost zur Heilnahrung führt.

Die Vorteile der Frischkost

Frischkost ist auch Heilkost

- optimale Versorgung des Körpers mit allen lebensnotwendigen Wirkstoffen wie Vitaminen, Mineralien und hochwertigen pflanzlichen Eiweißen,
- besonders große Dichte an Fermenten und Enzymen, die für die Regenerierung wichtig sind,
- reich an Ballaststoffen (sie regen die Darmtätigkeit an und fördern die Entgiftung),
- hoher Sättigungs- und Geschmackswert bei niedrigem Kaloriengehalt, zum Beispiel 800 Kalorien.
- Sie regt zu intensivem Kauen an, aktiviert die Verdauungssäfte, trainiert die Verdauungsorgane.

Reine und erweiterte Frischkost

In Form einer Kurzzeitdiät über ein bis drei Wochen ist reine Frischkost zu empfehlen. Für Langzeitdiäten (zum Beispiel 1200 Kalorien/ 5040 Joule-Diät) ergänzt man sie mit tierischen Produkten, die vor dem Genuß nicht hitzebehandelt wurden, wie Roh- oder Vorzugsmilch, Sauermilch, Buttermilch, wenig Sahne und Butter.

Unentbehrlich für die vollwertige Ernährung

Als warme Beilage zur Frischkost sind Kartoffelgerichte und Gerichte aus Getreide zu empfehlen (Seiten 100 und 95). Frischkost ist unentbehrlicher Bestandteil der vollwertigen Ernährung für die Nachfastenzeit. Ihr Anteil sollte 50 % des Gesamtgewichts Ihrer täglichen Nahrung ausmachen.

Reine Frischkost besteht aus 100 % Rohanteil, *erweiterte Frischkost* aus 70 bis 80 % Rohanteil (Tagespläne Seite 76 und 77).

Tips für die Zubereitung

Die Produkte für Frischkost sollten möglichst aus biologischem Anbau stammen. Sie müssen immer gründlich gewaschen und gereinigt, Wurzeln und Knollen sollten geschält und ausgeschnitten werden.

Für zahnende Kinder, ältere Leute mit künstlichem Gebiß und Menschen mit empfindlichem Magen, die Frischkost noch nicht gewöhnt sind, sollten die Zutaten feingeschnitten, feingerieben

oder püriert werden. Mischen Sie nach dem Zerkleinern etwas Zitronensaft, Obstessig oder Sauermilch unter die Frischkost. Oder reiben Sie die Gemüsesorten in die vorbereitete Sauce. So bleiben die leicht flüchtigen Duft- und Wirkstoffe erhalten. Blattsalate sollten nur gründlich gewaschen, abgetropft oder trockengeschleudert verarbeitet werden, da sie sonst die Sauce nicht annehmen. Zarte Salate wie frischer Feldsalat oder Kopfsalat werden erst unmittelbar vor dem Verzehr mit der Sauce vermischt, damit sie nicht zusammenfallen. Bei festen Gemüsen dauert es etwas länger, bis die Sauce gut durchgezogen ist.

Eine Frischkostplatte sollte farbenfroh und ausgewogen aus allen Pflanzenteilen zusammengestellt sein.

Zusammenstellung einer Frischkostplatte

Eine ausgewogene Frischkostplatte sollte nach Möglichkeit alle Pflanzenteile enthalten:

- Blattsalat
- Wurzel-Knollen-Gemüse
- Stengel- und Kohl-Gemüse
- Obst

Denken Sie daran: Das Auge ißt mit! Versuchen Sie, die Frischkostplatte durch verschiedenfarbige Gemüse farbenfroh zu gestalten. Wichtig bei der Zusammenstellung ist, daß sowohl oberirdisch als auch unterirdisch wachsende Teile enthalten sind.

Auf die Abwechslung der Gemüsearten kommt es an

Wem die Zusammenstellung einer Frischkostplatte zu viel Mühe macht, der kann sich auch auf wenige Gemüsearten beschränken. Man vergrößert dabei einfach die Menge der verwendeten Pflanzen, wechselt aber von Mahlzeit zu Mahlzeit die Gemüse- beziehungsweise Obstsorte. Wer bodenfrisches Gemüse liebt wie Möhren, Kohlrabi und Rettich, kann seine Frischkost-Mahlzeit ungesalzen und ohne Sauce verzehren.

Verträglichkeit

Die Erfahrung hat gezeigt, daß viele Menschen Obst- und Gemüseprodukte zusammen in einer Frischkost-Mahlzeit nicht so gut vertragen. Für sie empfiehlt es sich, die Frischkost-Mahlzeit ohne Obst zuzubereiten und Obst dafür reichlich in Form kleiner Zwischenmahlzeiten zu nehmen.

Auf den Seiten 82 bis 91 finden Sie Rezepte für schmackhafte Frischkostsalate und zum Variieren weitere Salatsaucen ab Seite 91. Sie zeigen Ihnen vielfältige Kombinationsmöglichkeiten.

Kleine Vollwert-Warenkunde

Getreide

Wichtig: richtige Herkunft, Lagerung und Zubereitung

Das unzerstörte Getreidekorn (Vollgetreide) ist die beste natürliche Lebensmittelkonserve: Es enthält alle lebensnotwendigen Wirkstoffe und ist fast unbegrenzt haltbar. Beschaffen Sie sich einen Vorrat an Weizen, Roggen, Hafer, Dinkel, Gerste, Grünkern und Vollreis, möglichst aus biologischem Anbau, und lagern Sie das Getreide trocken und luftig. Wer Vollgetreide jeden Tag frisch aufbereiten will, braucht dazu eine Getreidemühle – eine einmalige Anschaffung, die sich in jedem Fall lohnt. (Einen Überblick gibt das »Handbuch der Haushaltsgetreidemühlen«, das im Buchhandel und in Reformhäusern erhältlich ist).

Wertvolle Vitamin- und Mineralstofflieferanten

Ebenfalls in Reformhäusern, in Bioläden, oft auch in Supermärkten, bekommen Sie geschrotete Ware aller Vollkornsorten. Achten Sie auf das Haltbarkeitsdatum! Es gibt Reformhäuser und Bioläden, in denen man die gewünschte Menge Getreide in Ihrem Beisein schrotet.

Nüsse und Trockenfrüchte

Achten Sie beim Einkauf auf Hinweise wie »unbehandelt« oder »nicht geschwefelt«. Nüsse erst kurz vor dem Verzehr zerkleinern, Trockenobst am Vorabend von Wasser bedeckt einweichen.

Gemüse, Kartoffeln

aus dem eigenen Garten oder aus biologischem Anbau sind gesünder, besser im Geschmack und gehaltvoller, wenn auch manchmal kleiner als das übliche Angebot. Geben Sie beim täglichen Einkauf den Gemüsesorten der Saison aus Freilandanbau den Vorzug; bei Ware aus dem Ausland muß mit Nährstoffverlusten durch lange Transportwege und Lagerung gerechnet werden. Pellkartoffeln sind nährstoffreicher als Salzkartoffeln.

Saisonware aus biologischem Anbau

Nutzen Sie das vielfältige Angebot!

Obst, Beerenobst

Seien Sie mißtrauisch, wenn Ihnen besonders attraktive Früchte angeboten werden. Ungespritztes Obst aus biologischem Anbau sieht oft nicht so schön aus, ist aber wesentlich wertvoller. Fragen Sie nach Herkunft und Vorbehandlung, riechen und kosten Sie. Verzichten Sie auf alles, was die Natur um diese Jahreszeit nicht anbietet: Es kann sich nur um Obst handeln, das in Treibhäusern gezogen oder für den langen Transportweg haltbar gemacht worden ist.

Milch und Milchprodukte

Milch ist nicht gleich Milch

Milch, die erhitzt oder gekocht wird, verliert an biologischem Wert. Säuerung und Reifung dagegen verbessern ihre Verträglichkeit. Am wertvollsten ist Vorzugsmilch (Rohmilch), da sie noch alle ursprünglichen Inhaltsstoffe enthält. Sauermilchen wie Joghurt, Bioghurt,

Sahnoghurt, Dickmilch, Kefir, Schwedenmilch sowie Quark, Hüttenkäse, Frischkäse, gereifte und wenig erhitzte Rohmilchkäsesorten gehören ebenfalls zu den empfehlenswerten Milchprodukten.

Pflanzenfette

Naturbelassene Öle

Am gesündesten sind naturbelassene kaltgeschlagene Öle, weil sie einen hohen Anteil an mehrfach ungesättigten Fettsäuren und fettlöslichen Vitaminen enthalten. Mit Ausnahme von kaltgepreßtem Soja- und Olivenöl sollte man naturbelassene Öle nicht erhitzen, da sie dadurch an Wert verlieren. Für Salate eignen sich alle Keimöle und Distelöl, für Quarkspeisen Leinöl. Zum Braten eignet sich ungehärtetes Kokosfett.

Bevorzugen Sie Rohmilchprodukte und kaltgepreßte Öle.

Süßmittel

Kein Zucker

Zucker sollte in der Vollwertküche nicht verwendet werden, sondern Honig sowie Apfel- oder Birnendicksaft und mit Honig gesüßter Sanddornsaft. Mit diesen durch Erhitzen konzentrierten Fruchtsüßen lassen sich Salate, Gemüsegerichte und Desserts geschmacklich abrunden. Honig bitte niemals erhitzen, er verliert dadurch seine wertvollen Inhaltsstoffe.

Vanille

Am besten in Schoten kaufen und das Mark ausschaben oder gemahlene Vanille kaufen.

Zitronen- und Orangenschalen

Verwenden Sie nur Schalen von unbehandelten Früchten. Beachten Sie beim Einkauf die Hinweise »unbehandelt« oder »ungespritzt«.

Statt Salinen- oder Meersalz sollten Sie jodiertes Vollmeersalz verwenden, das auch Spurenelemente enthält. Für die Vollwertküche zu empfehlen ist auch Kräutersalz, das aus Trockengemüsekräutern und etwa 90 % Vollmeersalz besteht. Ob Salz oder Kräutersalz: Dosieren Sie in jedem Fall sparsam! Zuviel Salz (mehr als 5 g pro Tag) kann zu Bluthochdruck führen. Besser ist es, mit viel frischen Kräutern zu würzen.

Sparsam dosieren

Auch beim Würzen ist die richtige Auswahl wichtig.

Essig

Geben Sie Obstessig, zum Beispiel Apfelessig, den Vorzug. Branntweinessig oder Essigessenz sind nicht empfehlenswert.

Kräuter

Frische Küchenkräuter, gezogen im eigenen Garten oder auf Balkon und Terrasse, sowie Wildkräuter sind für die Vollwertküche unentbehrlich; ihre ätherischen Öle, Bitterstoffe, Vitamine, Mineralstoffe, Spurenelemente und Fermente regen Appetit und Verdauungstätigkeit an.

Unentbehrlich für die Vollwertküche

Viele Küchenkräuter sind aber auch Heilpflanzen mit besonderem Gesundheitswert (Bücher, die weiterhelfen, Seite 109).

Umgang mit vollwertigen Lebensmitteln

Behandlung von Gemüse

Inhaltsstoffe erhalten

Für eine vollwertige Zubereitung wird Gemüse in wenig Wasser gedünstet, bis es »bißfest« ist. Bereiten Sie nicht mehr zu, als für eine Mahlzeit vorgesehen ist. Jedes Aufwärmen bedeutet Verlust an Inhaltsstoffen; nur kurz erhitzen!
Angeschnittenes Gemüse kann für ein bis zwei Tage, in Folie gewickelt, im Gemüsefach des Kühlschranks aufbewahrt werden. Bereits geputztes und zerkleinertes Gemüse dürfen Sie nicht liegenlassen – die feinen Stoffe oxydieren zu leicht. Blattgemüse kühl, dunkel und nicht zu lange lagern. Wenn Sie Gemüse nicht frisch bekommen können, sollten Sie Tiefkühlkost nehmen, sie ist immer noch wertvoller als Gemüse in Dosen.

Umgang mit Vollgetreide

Richtig garen

Kochen: Getreide bei äußerst schwacher Hitze quellen zu lassen – das ist das schonendste Verfahren. Weizen, Roggen, Gerste, Grünkern oder Reis – jede Getreideart separat in doppelter Menge Wasser 6 bis 10 Stunden lang einweichen. Dann im Einweichwasser aufkochen und bei äußerst schwacher Hitze 1 Stunde köcheln lassen. Die gequollenen Körner würzen, umrühren und einige Minuten nachquellen lassen. Je nach Quellfähigkeit der Getreideart muß Wasser nachgegossen werden.
Buchweizen, Hirse und Nackthafer ebenfalls mit der doppelten Menge Wasser aufsetzen, nach dem Aufkochen bei schwacher Hitze 15 bis 30 Minuten köcheln lassen.

Darren: Getreide im Sieb kalt und warm abspülen, abtropfen lassen, auf einem Backblech bei 80 °C 20 bis 30 Minuten darren, dabei ab und zu wenden.

Keimen von Getreidekörnern siehe Seite 82.

Speiseplan für eine Woche Vollwerternährung

Montag	Frühstück	Apfelmüsli (Seite 78) *(1 Scheibe Vollkornbrot, 1 Teelöffel Butter, Kräuterquark, Seite 81)*
	Mittagessen	Frischkostplatte (Seite 68, 82) Fünfkornbratlinge (Seite 95) Fenchelgemüse in Tomatensauce (Seite 101) Gefüllte Grapefruit (Seite 105)
	Abendessen	Frisches Obst oder Gemüse Marinierter Handkäse (Seite 107) und 1 Scheibe Vollkorn- oder 2 Scheiben Knäckebrot
Dienstag	Frühstück	Birnenmüsli (Seite 78) *(1 Vollkornbrötchen, 1 Scheibe Schnittkäse, 1 Teelöffel Butter, 1 Tomate)*
	Mittagessen	Frischkostplatte (Seite 68, 82) Gefüllte Spinat-Pfannkuchen (Seite 99) *(Orangencreme, Seite 106)*
	Abendessen	Frisches Obst oder Gemüse oder Blattsalat Gefüllte Tomaten (Seite 108) und 1 Scheibe Vollkorn- oder 2 Scheiben Knäckebrot
Mittwoch	Frühstück	Orangenmüsli (Seite 78) *(1 Scheibe Vollkornbrot, Salatgurke in Scheiben, pflanzlicher Brotaufstrich)*
	Mittagessen	Frischkostplatte (Seite 68, 82) Zucchini-Hirse-Pfanne (Seite 96) *(Reissalat Hawaii, Seite 106)*
	Abendessen	Frisches Obst oder Blattsalat oder Champignon-Tomaten-Brot (Seite 108)
Donnerstag	Frühstück	Ananasmüsli (Seite 78) *(1 Vollkornbrötchen, Frischkäse mit Radieschen, Seite 81)*
	Mittagessen	Frischkostplatte (Seite 68, 82) Allgäuer Spätzle (Seite 99) *(Himbeercreme, Seite 106)*
	Abendessen	Frisches Obst, Gemüse oder Blattsalat Zwiebelsuppe (Seite 94) Gefüllte Kartoffeln (Seite 102)

Speiseplan für eine Woche Vollwerternährung

Freitag	Frühstück	Hafermüsli mit Banane (Seite 79) *(1 Scheibe Vollkornbrot, 1 Teelöffel Butter, Aprikosenpaste, Seite 82)*
	Mittagessen	Frischkostplatte (Seite 68, 82) Gefüllte Zwiebel (Seite 101) Gedünsteter Naturreis (Seite 97) *(Sanddornapfel, Seite 105)*
	Abendessen	Grüne Vollkornnudeln mit Walnußsauce (Seite 98)
Samstag	Frühstück	Fünfkornmüsli (Seite 80) *(1 Vollkornbrötchen, 1 Teelöffel Kräuterbutter, 1 Scheibe Emmentaler Käse)*
	Mittagessen	Frischkostplatte (Seite 68, 82) Buchweizenpfanne (Seite 95) *(Obstsalat mit Trockenfrüchten, Seite 105)*
	Abendessen	Frisches Obst, Gemüse oder Blattsalat Dänischer Käsesalat (Seite 107) und 1 Scheibe Vollkornbrot
Sonntag	Frühstück	Warmer süßer Getreideschrotbrei (Seite 80) *(1 Scheibe Vollkornbrot, 1 Teelöffel Butter, 1 Teelöffel Honig, mit Quark vermischt)*
	Mittagessen	Frischkostplatte (Seite 68, 82) Kartoffelgratin (Seite 102) *(Erdbeercreme, Seite 106)*
	Abendessen	Frisches Obst oder Blattsalat Grünkernklößchensuppe (Seite 92) Sellerieschiffchen, mit Käsecreme gefüllt (Seite 107) und 1 Scheibe Vollkorn- oder 2 Scheiben Knäckebrot

Erläuterungen

Dieser Wochenplan soll all jenen den Einstieg erleichtern, die in der Zusammenstellung von Vollwertgerichten noch wenig Erfahrung haben.
Die Seitenverweise in Klammern geben an, wo Sie im Buch die Rezepte dazu finden. Alle Rezepte sind für 1 Person berechnet.

Kalorien / Joule-Gehalt: Ohne die *kursiv* und in Klammern gesetzten Zusatzmahlzeiten nehmen Sie täglich etwa 1200 Kalorien / 5040 Joule zu sich, mit den Zusatzmahlzeiten etwa 1500 bis 1800 Kalorien / 6300 bis 7560 Joule. Wer übergewichtig ist, kann mit der 1200 Kalorien- / 5040 Joule-Vollwertkost langsam, aber sicher abnehmen. Die Zusammenstellung der Gerichte garantiert, daß Sie satt werden und sich vollwertig ernähren – mit allen notwendigen Nährstoffen in ausreichender Menge.

Tagesplan für reine Frischkost

Früh	Tee zum Aufwachen (Rosmarin, Kamille, Fenchel, Ginseng, leichten Schwarztee) *Ende des Fastens über Nacht*
Frühstück	Frischkornmüsli (Seite 78): aus täglich wechselnden Getreidesorten, Früchten und Nüssen
Vormittag	*fünfstündige Nahrungspause* Trinken! Kräutertee: Linde, Malve, Pfefferminze; Tees aus dem Garten: Brennessel, Thymian, Salbei, Brombeerblätter, Erdbeerblätter; oder Wasser, Mineralwasser
Mittagessen	Frischkostplatte (Seite 82): mit täglich wechselnden Salaten, Wurzel-, Knollen- und Stengelgemüsen, Obst der Jahreszeit entsprechend und gekeimtem Getreide
Nachmittag	*fünfstündige Nahrungspause* Trinken! Früchtetee: Hagebutten, Apfelschalen, Orangenblüten, Mischtees
Abendessen	Frischkostplatte wie zum Mittag oder Obstsalat aus Früchten der Jahreszeit, Beerenobst und Nüssen
Abend	*Nahrungspause!* Trinken! Tee: Zitronenmelisse, Orangenblüten, Anis, Kümmel, Kamille, Brennnessel, »Schlaftee« – oder Mineralwasser *Damit beginnt das 10- bis 12stündige Fasten über Nacht*

– 800 Kalorien/3360 Joule –

Wenn Sie nicht satt werden, ergänzen Sie die Frischkostplatte mit Pellkartoffeln oder Naturreis.

Zwischenmahlzeiten könnten notwendig sein, falls zwischen den drei Mahlzeiten Hunger auftritt und durch Trinken nicht zu beseitigen ist:

Vormittag	1 Stück Obst: Birne, Orange, Apfel, Banane; 1 Schälchen Beeren: Erdbeeren, Johannisbeeren; 1 Handvoll Steinobst: Pflaumen, Kirschen
Nachmittag	1 Apfel und Nüsse, zum Beispiel 2 bis 3 Walnüsse, 10 Haselnüsse, 6 Mandeln oder Erdnüsse

Ohne Zwischenmahlzeiten fasten Sie zweimal 3 Stunden am Tage und 10 Stunden nachts. Dies ist der ideale Übergang vom Fasten zum Essen.

Tagesplan für erweiterte Frischkost

Früh	Tee zum Aufwachen (wie im Tagesplan Frischkost) *Ende des Fastens über Nacht*
Frühstück	Frischkornmüsli (Seite 78) oder Getreidesuppe mit Milch (Seite 28) Vollkornbrot mit Butter, süßem oder pikantem Aufstrich (Seite 80) oder mit Tomate, Gurke oder Radieschen
Vormittag	*fünfstündige Nahrungspause* Trinken! Wasser, Malzkaffee, Tee
Mittagessen	Frischkostplatte (Seite 82) warme Beilage Pell- oder Bircherkartoffeln (Seite 28 und 36) oder gedünsteter Naturreis, Hirsotto (Seite 97 und 34) Quark-Nachspeise auch mit Bioghurt, Dickmilch
Nachmittag	*fünfstündige Nahrungspause* Trinken! Tee (wie im Tagesplan Frischkost) oder Malz- beziehungsweise Kornkaffee und Milch
Abendessen	Frischkostplatte (Seite 82) mit warmer Beilage (Pell- oder Bircherkartoffeln, Seite 28 und 36, oder gedünsteter Naturreis, Hirsotto, Seite 97 und 34), oder Obstsalat als Vorspeise Vollkornbrot, Butter, Aufstrich oder Auflage
Abend	Tee oder Mineralwasser (wie im Tagesplan Frischkost) *Beginn des Fastens über Nacht – 12stündige Nahrungspause!*

Wenn Sie nicht satt werden oder zwischendurch Hunger bekommen, nehmen Sie *Zwischenmahlzeiten:*
entweder Obst und Nüsse (wie im Tagesplan Frischkost)
oder 1 Scheibe Vollkorn- oder 2 Scheiben Knäckebrot mit Aufstrich (Seite 80)
oder 1 Glas Milch, Buttermilch, Molke, Sauermilch, Joghurt, Bioghurt

– Der Kaloriengehalt der Grundkost beträgt etwa 1200 Kalorien / 5040 Joule, mit zwei Zwischenmahlzeiten etwa 1800 Kalorien / 7560 Joule. –

Rezepte aus der Vollwertküche

Müslis

Müslis sind vollwertige kleine Gerichte, die bei geringem Kaloriengehalt dauerhaft sättigen, außerdem schnell zubereitet sind. Vor allem das Frühstücks-Müsli ist unentbehrlich für den Start in den Tag; eine gesündere und nährstoffreichere Grundlage läßt sich kaum denken. Gestalten Sie Ihr tägliches Müsli so abwechslungsreich wie möglich: Kombinieren Sie es mit frischen Früchten aus dem Saisonangebot und mit Nüssen und Samen.

Apfelmüsli

2 Eßl. grobgeschroteter Weizen · 1 Apfel · 3 Eßl. Sahne oder Dickmilch · 1 Teel. Zitronensaft · 1 Teel. gehackte Haselnüsse · 1 Teel. mit Honig gesüßter Sanddornsaft · einige Beerenfrüchte

Den Weizenschrot über Nacht in 2 Eßlöffeln Wasser einweichen. Am Morgen den Apfel waschen, abtrocknen, vierteln, vom Kerngehäuse befreien und in den Brei raspeln. Die Sahne oder die Dickmilch, den Zitronensaft, die gehackten Nüsse und den Sanddornsaft untermischen. Das Müsli mit den Beeren garnieren.

Birnenmüsli

Je 1 Eßl. grobgeschroteter Weizen und Roggen · 1 kleine Birne · 2–3 Eßl. Sauermilch · 1 Teel. Zitronensaft · 3 gehackte Haselnußkerne · 1 Teel. Friate (Apfeldicksaft) oder Honig

Das geschrotete Getreide über Nacht in 2 Eßlöffeln Wasser einweichen. Am Morgen die Birne waschen, vierteln, vom Kerngehäuse befreien und drei Viertel ungeschält in den Brei raspeln, mit allen übrigen Zutaten unter das Müsli mischen. Das letzte Birnenviertel in Spalten schneiden und das Müsli damit garnieren.

Orangenmüsli

2 Eßl. grobgeschroteter Weizen · 1 Teel. Pinien- oder Sonnenblumenkerne · 1 kleiner Apfel · 1 kleine Orange · 1 Teel. mit Honig gesüßter Sanddornsaft · 2–3 Eßl. Buttermilch

Den geschroteten Weizen über Nacht in 2 Eßlöffeln Wasser einweichen. Am Morgen die Pinien- und Sonnenblumenkerne in einer trockenen kleinen Pfanne leicht anrösten. Den Apfel waschen, abtrocknen, vom Kerngehäuse befreien und in den Brei raspeln. Die Orange schälen, in Spalten teilen, filetieren und kleinschneiden. Dann mit dem Sanddorn und der Buttermilch locker unter das Müsli heben. Mit den gerösteten Kernen bestreuen.

Ananasmüsli

2 ungeschwefelte entsteinte Backpflaumen · 1 kleiner Apfel · 2 Scheiben frische Ananas · 2 Eßl. gekeimte Weizenkörner (Seite 82) · 4 Eßl.

Abwechslung bei Frühstück und Abendessen: wie wär's mal mit Apfel- oder Orangenmüsli (Seite 78) und als Brotaufstrich Quarkvarianten (Seite 80/81).

Apfelsaft · je 1 Teel. mit Honig gesüßter Sanddorn- und Zitronensaft · 1 Teel. geröstete Sonnenblumenkerne

Die Backpflaumen über Nacht von Wasser bedeckt einweichen. Am Morgen den Apfel waschen, vierteln, vom Kerngehäuse befreien und grobraspeln. Die Ananasscheiben schälen, halbieren, den harten Strunk in der Mitte entfernen und die Scheiben in kleine Stücke schneiden. Die Backpflaumen abgießen und hacken. Die Weizenkörner in einem Sieb gut abspülen, abtropfen lassen. Alles locker mischen und mit dem Apfel-, Sanddorn- und Zitronensaft vermengen. Die Sonnenblumenkerne darüberstreuen.

● **Unser Tip:** Statt Backpflaumen Datteln oder 1 eingeweichte Feige verwenden.

Hafermüsli mit Banane

2 Eßl. grob geschroteter Hafer · ½ Banane · 1 kleiner Apfel · 4 Eßl. Dickmilch · je 1 Teel. Zitronen- und mit Honig gesüßter Sanddornsaft

Den geschroteten Hafer etwa 15 Minuten in 2 Eßlöffeln Wasser einweichen. Die Banane schälen und die Hälfte davon zerdrücken. Den Apfel waschen, abtrocknen, vierteln, vom Kerngehäuse befreien und grobraspeln. Beides mit der Dickmilch, dem Zitronen- und dem Sanddornsaft unter den Haferbrei mischen. Das Müsli mit Bananenscheiben garnieren.

Rezepte aus der Vollwertküche

Fünfkornmüsli

2 Eßl. grobgeschrotete Fünfkornmischung · 40 g Trauben · 1 kleiner Apfel · 4 Eßl. Vorzugsmilch · je 1 Teel. Honig und Zitronensaft

Den Fünfkornschrot in 2 Eßlöffeln Wasser über Nacht einweichen. Am Morgen die Trauben und den Apfel waschen, abtrocknen, den Apfel vierteln, vom Kerngehäuse befreien und in den Brei grobraspeln. Die Milch, den Honig und den Zitronensaft zufügen und alles locker untermischen. Das Müsli mit den gewaschenen Trauben garnieren.

● **Unser Tip:** Die Fünfkornmischung können Sie selber herstellen; man nimmt dazu einfach zu gleichen Teilen Weizen, Hafer, Gerste, Hirse und Roggen.

Warmer süßer Getreideschrotbrei

2 Eßl. grobgeschroteter Weizen · 1 Teel. Rosinen oder 1 zerkleinerte Backpflaume · 0,1 l Wasser · 1 Teel. mit Honig gesüßter Sanddornsaft · 1 Prise Meersalz · 2 Eßl. Vorzugsmilch oder Sahne

Den Weizen mit dem Trockenobst abends mit 4 Eßlöffeln Wasser einweichen und über Nacht quellen lassen; am Morgen mit dem Wasser zum Kochen bringen und in 5 Minuten bei äußerst schwacher Hitze ausquellen lassen. Den Brei mit dem Sanddornsaft und dem Salz würzen. Die Milch oder die Sahne unterrühren.

Variante:

Pikanter Getreideschrotbrei

Den Weizen ohne Trockenobst quellen lassen und nach dem Kochen mit ¼ Teelöffel gekörnter Gemüsebrühe würzen; ebenfalls Milch oder Sahne zufügen. – Geschmacklich verändert wird der Schrotbrei, wenn man ihm Möhren- oder Sellerieraspel zufügt.

● **Unser Tip:** Der Schrotbrei kann auch aus Kruskamischung zubereitet werden.

Weitere Rezepte für Müslis finden Sie unter »Speiseplan für sechs Aufbautage« (Seite 26).

Brotaufstriche

An Brotaufstriche aus Quark (in Österreich Topfen) müssen wir uns kaum gewöhnen: Kräuterquark, Quark mit gehackter Zwiebel sind bekannt und beliebt als herzhafter Brotaufstrich fürs Frühstück oder für die kleine Zwischenmahlzeit. Wenn Sie viele verschiedene Geschmacksnuancen in den Quark- oder Käseaufstrich bringen, werden Sie die bisher täglich gewohnte Wurst kaum vermissen. Statt mit Quark kann man auch mit Frischkäse, Hüttenkäse oder Schafskäse reizvolle und kalorienarme Imbiß-Kombinationen bereiten. Für alle, die auf Süßes zum Frühstück nicht verzichten möchten, empfehlen wir das Feigen-Pflaumen-Mus oder die Aprikosenpaste, die nicht nur als vorzügliche Brotaufstriche, sondern auch als süße Würze für das Müsli verwendet werden können.

Gurkenquark

125 g Magerquark · 2–3 Eßl. Vorzugs- oder Dickmilch · 1 kleine Zwiebel · 1 kleine Gewürzgurke oder ⅛ Salatgurke · 1 Prise scharfes Paprikapulver ·

1 Messerspitze frische Dillspitzen · etwas Meersalz

Den Quark mit der Milch oder der Dickmilch glattrühren. Die Zwiebel schälen und in kleine Würfel schneiden, die Gewürzgurke feinhacken oder die Salatgurke schälen und grobraspeln; alles unter den Quark heben; mit dem Paprikapulver und Salz abschmecken und mit den Dillspitzen garnieren.

Möhrenquark

125 g Magerquark · 2–3 Eßl. Frisch- oder Dickmilch · 1 kleine Möhre (Karotte) · 1 Teel. frisch gehackte Kräuter · ½ Teel. frisch geriebener Meerrettich

Den Quark mit der Milch oder der Dickmilch glattrühren. Die Möhre unter fließendem Wasser gründlich bürsten, eventuell schaben, reinreiben und mit den Kräutern und dem Meerrettich unter den Quark mischen.

● **Unser Tip:** Sie können auch ½ Zwiebel und 1 Tomate kleinwürfeln, salzen und pfeffern und statt der Möhre und dem Meerrettich unter den Quark heben.

Kräuterquark

125 g Magerquark · 2 Eßl. Vorzugsmilch · 1 Teel. Sonnenblumenöl · ¼ Zwiebel · 2 Teel. frisch gehackte gemischte Kräuter · 1 Prise Kräutersalz · einige Tropfen Zitronensaft

Quark, Milch und Öl glattrühren. Die Zwiebel kleinwürfeln, mit den Kräutern zufügen; mit Kräutersalz und Zitrone abschmecken.

Frischkäse mit Radieschen

40 g Doppelrahm-Frischkäse · 1 Teel. Frischmilch · ½ Teel. frisch geriebener Meerrettich · einige Tropfen Zitronensaft · 3 Radieschen

Frischkäse und Milch glattrühren, mit Meerrettich und Zitronensaft abschmecken. Die Radieschen waschen, in dünne Scheiben schneiden und den Käse damit belegen.

Korsischer Brotaufstrich

25 g weicher Schafkäse · 1 gehäufter Eßl. Magerquark · 3 schwarze Oliven · 1 Teel. frisch gehackte Kräuter

Den Schafkäse mit einer Gabel zerdrücken und mit dem Quark verrühren. Die Oliven entsteinen, kleinhacken und unterheben; die Kräuter darüberstreuen.

Hüttenkäse mit Kräutern

¼ Zwiebel · eventuell 1 Prise Hefeflocken · 1 Prise Kräutersalz · 1 Teel. frisch gehackte Kräuter · 50 g Hüttenkäse

Die Zwiebel schälen, sehr fein würfeln und mit den anderen Zutaten unter den Hüttenkäse mischen; kräftig abschmecken.

Variante:

Apfel-Hüttenkäse

½ kleinen Apfel waschen, vom Kerngehäuse befreien, sehr fein würfeln und mit einigen Tropfen Zitronensaft und 2 gehackten Walnüssen unter den Hüttenkäse mischen.

Rezepte aus der Vollwertküche

Leinsamenpaste

1 Eßl. Dickmilch · 2 Teel. weiche Butter · 1 Eßl. feingemahlener Leinsamen · 1 Teel. frisch gehackte Kräuter · je 1 Prise Hefeflocken und Kräutersalz · einige dünne Scheiben Salatgurke

Die Dickmilch mit der Butter mischen. Den Leinsamen und die gehackten Kräuter mit den Hefeflocken und dem Kräutersalz untermischen; mit Gurkenscheiben garnieren.

Feigen-Pflaumen-Mus

3 ungeschwefelte entsteinte Backpflaumen · 3 getrocknete Feigen · 3 Eßl. gemahlene Haselnüsse · 1 Prise Zimtpulver

Die Trockenfrüchte von Wasser bedeckt über Nacht einweichen. Die gequollenen Früchte mit etwas Einweichwasser im Mixer pürieren. So viel gemahlene Haselnüsse hinzufügen, bis eine streichfähige Paste entsteht, mit dem Zimt abschmecken.
● **Unser Tip:** Das Feigen-Pflaumen-Mus hält sich im Kühlschrank mehrere Tage. – Zum Würzen können Sie statt Zimtpulver auch 1 bis 2 Messerspitzen Vanillemark oder 1 Prise abgeriebene Zitronenschale verwenden.

Aprikosenpaste

50 g getrocknete ungeschwefelte Aprikosen · 4 Eßl. frisch gepreßter Orangensaft · 4 entsteinte Datteln · 1 Teel gemahlene Haselnüsse · 1 Eßl. unbehandelte abgeriebene Zitronenschale oder 1 Messerspitze Vanillemark

Die Aprikosen zerkleinern und in dem Orangensaft 6 bis 8 Stunden einweichen, am besten über Nacht im Kühlschrank aufbewahren. Dann mit dem Saft und den Datteln pürieren, so viel gemahlene Nüsse zufügen, daß eine streichfähige Paste entsteht; mit der Zitronenschale oder dem Vanillemark abrunden. Auch dieser Brotaufstrich hält sich im Kühlschrank mehrere Tage.

Frischkostsalate

Achten Sie darauf, daß Sie für Ihre Salate immer frische Zutaten verwenden (siehe auch Seite 67). Auch fürs Auge sollten die bunten Frischkostsalate ein Genuß sein. Besonders dekorativ wirken zum Beispiel rote Paprikaschoten auf grünem Kopfsalat, Champignons auf Radicchio oder Radieschen auf Feldsalat. Ihrer Kreativität sind dabei keine Grenzen gesetzt.
Beim Sammeln von Wildkräutern – wie junger Löwenzahn, Sauerampfer oder Brennesselblätter – sollten Sie darauf achten, daß Sie die Kräuter nur weitab von stark befahrenen Straßen pflücken – und auch nur dann, wenn Sie die Kräuter ganz genau kennen!

Getreidekeimlinge

Bestandteil einiger Salate sind gekeimte Getreidekörner; deshalb möchten wir zunächst das *Keimen der Körner* beschreiben: 3 bis 4 Eßlöffel Körner nur einer Getreidesorte in ein Glas oder eine kleine Schale geben und mit Wasser bedeckt über Nacht bei Zimmertemperatur stehenlassen. Jeweils am Morgen und Abend der folgenden 2 bis 3 Tage die Körner in einem Sieb gut abspülen, abgetropft, aber noch feucht und locker mit einem Teller zugedeckt stehenlassen (nicht in der prallen Sonne!), bis sich 2 bis 3 mm lange Keimlinge zeigen. Das Getreide dann gut abspülen und als nährstoffreiche Zutat für Salate, Müslis und zum Bestreuen von Nachspeisen verwenden. Im Kühlschrank halten sich die Keimlinge 1 bis 2 Tage.

Möhrensalat mit Apfel

1 große Möhre (Karotte) · ½ Apfel · 1 Blatt Kopfsalat · 1 Teel. Sonnenblumenöl · 2 Eßl. saure Sahne · 1 Teel. Zitronensaft · etwas frischer Kerbel, Pfefferminzblätter oder Zitronenmelisse

Die Möhre gründlich unter fließendem Wasser bürsten, eventuell schaben. Den Apfel waschen, abtrocknen, vierteln, vom Kerngehäuse befreien und mit der Möhre raspeln; beides mischen. Das Salatblatt waschen und trockentupfen. Das Öl mit der sauren Sahne und dem Zitronensaft verrühren. Die Möhren- und Apfelraspel unter die Sauce mischen, auf dem Salatblatt anrichten; mit Kerbel, Minze oder Zitronenmelisse verzieren.

- **Unser Tip:** Falls Sie gekeimte Weizenkörner übrig haben – sie geben dem Möhrensalat einen feinen, nußartigen Geschmack.

Rote-Bete-Frischkost

3 Eßl. saure Sahne oder Dickmilch · 1 Eßl. Zitronen- oder Orangensaft · 1–2 Teel. frisch geriebener Meerrettich · 1 kleine Rote Bete (100 g) · 1 kleiner Apfel · 1 Blatt Kopfsalat · ½ Orange · 3 Walnüsse

Die saure Sahne oder die Dickmilch mit dem Zitronen- oder dem Orangensaft und dem Meerrettich mischen. Die Rote Bete und den Apfel waschen, abtrocknen, eventuell schälen, beim Apfel das Kerngehäuse entfernen, beides dazuraspeln; locker unterheben. Das Salatblatt waschen, trokkentupfen und den Salat darauf anrichten. Die Orange schälen, gründlich von der weißen Haut befreien und in Spalten teilen oder filetieren. Die Orangenstückchen und die gehackten Walnüsse über den Salat streuen.

Sellerierohkost

1 Teel. Zitronensaft · 3 Eßl. Dickmilch oder saure Sahne · 100 g Sellerieknolle · ½ Apfel · frisch gemahlener weißer Pfeffer, Meersalz, Friate (Apfeldicksaft) nach Geschmack · 1 Scheibe frische Ananas · 1 Teel. gehackte Haselnüsse

Den Zitronensaft mit der Dickmilch oder der sauren Sahne verrühren. Den Sellerie und die Apfelhälfte schälen, grobraspeln, unter die Sauce heben und mit Pfeffer, Salz und Friate abschmecken. Die Ananasscheibe von der Schale und dem harten Strunk in der Mitte befreien und in Stückchen schneiden. Den Salat mit den gehackten Nüssen und der Ananas garnieren.

Schwarzwurzelrohkost

1 Teel. Zitronensaft · 3–4 Eßl. Sahne · frisch gemahlener weißer Pfeffer · 300 g Schwarzwurzeln · einige Salatblätter (z.B. Radicchio) · 1 Eßl. Kokosraspel · ½ Teel. Dillspitzen

Den Zitronensaft mit der Sahne mischen, mit Pfeffer abschmecken. Die Schwarzwurzeln dünn schälen, waschen, sofort in die Sauce reiben und untermischen. Den Salat auf den gewaschenen Salatblättern anrichten, mit den Kokosraspeln und den Dillspitzen garnieren.

● **Unser Tip:** Falls Sie mehrere Portionen zubereiten, legen Sie die geschälten Schwarzwurzeln in Zitronenwasser, bis sie geraspelt werden, damit sie sich nicht verfärben.

Rettichsalat

½ Zwiebel · 1 Eßl. Sonnenblumenöl · 1–2 Eßl. Obstessig · je 1 Prise Meersalz und frisch gemahlener weißer Pfeffer · 1 roter kleiner Rettich · 1 Teel. Schnittlauchröllchen oder gehackte Petersilie

Die Zwiebel schälen, feinhakken, mit Öl, Essig, Salz und Pfeffer verrühren. Den Rettich waschen, abtrocknen, hobeln, unter die Sauce mischen, mit Schnittlauch oder Petersilie bestreuen.

Gurkensalat

3 Eßl. saure Sahne · 1 Teel. mittelscharfer Senf · 1 Teel. Obstessig · Kräutersalz und frisch gemahlener weißer Pfeffer nach Geschmack · 1 kleine Salatgurke · 1 Blatt Kopfsalat · 1 Teel. Dillspitzen oder gehackter Borretsch

Aus der sauren Sahne, dem Senf, dem Essig, Kräutersalz und Pfeffer eine würzige Marinade bereiten. Die Gurke waschen, abtrocknen, hobeln und mit der Marinade mischen. Das Salatblatt waschen, trockentupfen und den Gurkensalat darauf anrichten, mit den Dillspitzen oder dem Borretsch bestreuen.

Zucchinisalat

½ kleine Zwiebel · 1 Eßl. Sonnenblumenöl · 1–2 Teel. Obstessig · je ½ Teel. gehacktes Basilikum und Senf · je 1 Prise Kräutersalz, getrockneter Oregano, Knoblauchpulver und frisch gemahlener weißer Pfeffer · 1 Zucchini (150 g) · einige Blätter Radicchiosalat · 4–5 frische Basilikumblättchen

Die Zwiebel schälen und in sehr kleine Würfel schneiden, mit dem Öl, dem Essig, dem Basilikum, dem Senf, dem Kräutersalz, dem Oregano, dem Knoblauchpulver und Pfeffer zu einer pikanten Sauce verrühren. Die Zucchini waschen, abtrocknen, in Scheiben schneiden und untermischen. Die Salatblätter waschen und trockentupfen; den Zucchinisalat darauf anrichten und mit den Basilikumblättchen garnieren.

Weißkohlsalat

100 g Weißkohl · ½ rote Paprikaschote · 1 Blatt Kopfsalat · 1 Eßl. Sonnenblumenöl · 1–2 Teel. Obstessig oder Zitronensaft · Kümmel, Meersalz und frisch gemahlener weißer Pfeffer nach Geschmack · 1 Teel. Schnittlauchröllchen

Den Weißkohl waschen, trokkentupfen, feinhobeln und etwas weichkneten. Die Zwiebel schälen und feinwürfeln. Die Paprikaschote von Kernen und weißen Rippen befreien, waschen und ebenfalls in kleine Würfel schneiden. Das Salatblatt waschen und trockentupfen. Die Kohlstreifen mit den Zwiebel- und den Paprikawürfeln mischen und auf dem Salatblatt anrichten. Aus dem Öl, dem Essig oder dem Zitronensaft, Kümmel, Salz und Pfeffer eine würzige Marinade bereiten und über die Kohlmischung träufeln. Den Salat mit den Schnittlauchröllchen bestreuen.

Rotkohlsalat

100 g Rotkohl · 1 kleiner Apfel oder 1 kleine Birne · 1 Blatt Kopfsalat · 1 Eßl. Sonnenblumenöl · 1–2 Teel. Zitronensaft · ½ Teel. Friate (Apfeldicksaft) · je 1 Prise Zimtpulver, Meersalz und frisch gemahlener schwarzer Pfeffer

Den Rotkohl waschen, abtrocknen, feinhobeln und etwas weichkneten. Den Apfel oder die Birne waschen, vierteln und grobraspeln, mit dem Rotkohl mischen. Das Salatblatt waschen, trockentupfen und den Rotkohl darauf anrichten. Aus dem Öl, dem Zitronensaft, dem Apfeldicksaft, dem Zimt, aus Salz und Pfeffer eine Marinade bereiten und diese über den Rotkohl träufeln.

Sauerkrautsalat

100 g Sauerkraut · ½ Apfel · 1 kleine Zwiebel · 1 Blatt Kopfsalat · 1 Eßl. Sonnenblumenöl · einige Tropfen Obstessig · ½ Teel. frisch geriebener Meerrettich · 1 Prise frisch gemahlener weißer Pfeffer · 1 Teel. Schnittlauchröllchen oder gehackte Petersilie

Das Sauerkraut etwas kleinschneiden. Den Apfel waschen, abtrocknen und grobraspeln. Die Zwiebel schälen und in sehr kleine Würfel schneiden; mit den Apfelraspeln und dem Sauerkraut locker mischen. Das Salatblatt waschen und trockentupfen. Das Sauerkraut darauf anrichten. Aus dem Öl, dem Essig, dem Meerrettich und dem Pfeffer eine würzige Sauce bereiten und diese über das Sauerkraut träufeln. Den Salat mit den Schnittlauchröllchen oder der Petersilie bestreuen.

Kohlrabirohkost

½ Eßl. Sonnenblumenöl · 1 Teel. gemahlene Haselnüsse · 2 Eßl. saure Sahne · 1–2 Teel. Zitronensaft · 1 Kohlrabi (150 g) · ½ Apfel · 1 Teel. Dillspitzen oder gehackte Petersilie

Aus dem Öl, den gemahlenen Nüssen, der sauren Sahne und dem Zitronensaft eine Sauce bereiten. Den Kohlrabi schälen und grobraspeln. Den Apfel schälen, vierteln, vom Kerngehäuse befreien und in kleine Würfel schneiden. Die Kohlrabiraspel und die Apfelwürfel unter die Sauce heben. Den Salat mit dem Dill oder der Petersilie bestreuen.

Indischer Blumenkohlsalat

¼ Banane · 1 Teel. Zitronensaft · je 1 Prise Currypulver und frisch gemahlener weißer Pfeffer · 2–3 Eßl. saure Sahne oder Dickmilch · Friate (Apfeldicksaft) nach Geschmack · 100 g Blumenkohl · einige Blätter Radicchiosalat · je 1 Teel. Kokosflocken oder Mandelsplitter und Dillspitzen

Die Banane mit einer Gabel zerdrücken und mit dem Zitronensaft, dem Curry, dem Pfeffer, der sauren Sahne oder Dickmilch und Apfeldicksaft zu einer würzigen Sauce verrühren. Die Blumenkohlröschen waschen, abtrocknen, raspeln und locker unter die Salatsauce heben. Die Radicchioblätter waschen, trockentupfen und den Blumenkohlsalat darauf anrichten, mit Kokosflocken oder leicht gerösteten Mandelsplittern und Dillspitzen garnieren.

Rezepte aus der Vollwertküche

Paprikasalat

1 Paprikaschote · ½ Knoblauchzehe · 1 Prise Meersalz · 1 kleine Zwiebel · 1 Eßl. Sonnenblumenöl · 1 Teel. Obstessig · je 1 Prise frisch gemahlener weißer Pfeffer und Currypulver · 1 Blatt Kopfsalat · 1 Teel. frisch gehackte Kräuter

Die Paprikaschote halbieren, von weißen Rippen und Kernen befreien, waschen, abtrocknen und in feine Streifen schneiden. Die Knoblauchzehe schälen, kleinschneiden und mit dem Salz zerdrücken. Die Zwiebel schälen und in dünne Ringe schneiden. Das Öl mit dem Essig, dem Pfeffer, dem Curry und dem Knoblauch mischen. Das Salatblatt waschen und trockentupfen. Die Schotenstreifen und die Zwiebelringe darauf anrichten, mit der Marinade beträufeln und mit den Kräutern bestreuen.

Tomatensalat

1 Teel. Sonnenblumenkerne · 1 Eßl. saure Sahne · je 1 Prise frisch gemahlener weißer Pfeffer und Kräutersalz · einige Tropfen Obstessig · 2 Tomaten · ½ Birne · 1 Blatt Kopfsalat

Die Sonnenblumenkerne in einer trockenen Pfanne leicht rösten. Die saure Sahne mit dem Pfeffer, dem Kräutersalz und dem Essig zu einer Marinade verrühren. Die Tomaten waschen, abtrocknen und in Scheiben schneiden. Die Birne vierteln, schälen, vom Kerngehäuse befreien und kleinwürfeln. Das Salatblatt waschen, trockentupfen, die Tomatenscheiben und die Birnenwürfelchen darauf anrichten und mit der Marinade beträufeln. Die Sonnenblumenkerne darüberstreuen.

Rosenkohlsalat

100 g Rosenkohl · ¼ Zwiebel · 2 Eßl. Sahne · 1 Teel. Obstessig · je 1 Prise frisch gemahlener weißer Pfeffer, Kräutersalz und frisch geriebene Muskatnuß · 1 Teel. frisch gehackte Petersilie oder ¼ Teel. Liebstöckel

Den Rosenkohl putzen, waschen, trockentupfen und kleinschneiden. Die Zwiebel schälen und feinwürfeln; beides mischen. Aus der Sahne, dem Essig und den Gewürzen eine Marinade bereiten und diese unter den Rosenkohl mischen. Den Salat mit den Kräutern bestreuen.

Englischer Sellerie

2 kleine Stangen Staudensellerie · 1 kleiner Apfel · ½ Orange · einige Blätter Radicchiosalat · 1 Eßl. Orangensaft · 1 Teel. Zitronensaft · 2 Eßl. saure Sahne · je 1 Prise getrockneter Estragon, Meersalz, frisch gemahlener weißer Pfeffer, frisch geriebener Meerrettich · 1 Teel. Kokosraspel

Die Selleriestangen waschen, von den Stielenden befreien und in sehr feine Scheibchen schneiden. Den Apfel vierteln, schälen, vom Kerngehäuse befreien und kleinwürfeln. Die Orange schälen, die Orangenspalten filetieren und in Stückchen schneiden. Die Selleriescheibchen, die Apfelwürfel und die Orangenstückchen locker mischen. Den Radicchiosalat waschen, trockentupfen und den Selleriesalat darauf anrichten. Den Orangensaft, den Zitronensaft, die saure Sahne und die Gewürze zu einer Marinade verrühren und diese unter den Selleriesalat heben; die Kokosraspel darüberstreuen.

Salat sollte es jeden Tag geben – langweilig wird's nie, wenn Sie das vielfältige Marktangebot nutzen und die Salate zudem mit köstlichen Saucen variieren. Auf dem Bild von links: Bunter Reissalat, Frühlings- und Broccolisalat (Seite 88/89).

Kürbissalat

100 g Kürbisfleisch · ½ Apfel oder Birne · 2 Eßl. Dickmilch · 1 Teel. Zitronensaft · ½ Eßl. gehackte Haselnüsse

Das Kürbisfleisch raspeln. Den Apfel oder die Birne schälen, vierteln, vom Kerngehäuse befreien und ebenfalls raspeln. Die Dickmilch mit dem Zitronensaft verrühren und das Kürbisfleisch und die Apfelraspel unterheben; den Salat mit den Nüssen bestreuen.

Fenchelsalat

100 g Fenchel (½ Knolle) · 1 kleine Orange · 1 kleiner Apfel · 1 Salatblatt · 3–4 Eßl. saure Sahne · 1 Teel. Zitronensaft · 1 Messerspitze frisch geriebener Meerrettich · 1 Teel. Honig · je 1 Prise getrockneter Estragon, Meersalz und frisch gemahlener weißer Pfeffer · 1 Teel. gehackte Walnüsse

Die Fenchelknolle waschen, abtrocknen und in sehr feine Streifen schneiden. Zartes Fenchelgrün waschen, trockentupfen und zum Garnieren verwenden. Die Orange schälen, filetieren und in Stückchen schneiden. Den Apfel waschen, vierteln, schälen, vom Kerngehäuse befreien und würfeln. Das Salatblatt waschen, trockentupfen und Fenchel, Orange und Apfel darauf locker mischen. Die saure Sahne mit dem Zitronensaft und den Gewürzen verrühren und über den Salat träufeln. Mit den Walnüssen und etwas Fenchelgrün garnieren.

Rezepte aus der Vollwertküche

Broccolisalat

100 g Broccoli · 1 Teel. Pinienkerne · 1 Salatblatt · 1 Teel. Olivenöl · 2 Eßl. saure Sahne · 1 Teel. Zitronensaft · ½ Knoblauchzehe · je 1 Prise Kräutersalz, frisch gemahlener schwarzer Pfeffer und getrockneter Oregano

Den Broccoli waschen, trockentupfen und feinschneiden. Die Pinienkerne in einer trockenen Pfanne rösten. Das Salatblatt waschen und trockentupfen. Das Öl mit der sauren Sahne und dem Zitronensaft verrühren. Die Knoblauchzehe schälen und durch die Knoblauchpresse dazudrücken; mit den Gewürzen abschmecken. Den Broccoli unter die Salatsauce heben und auf dem Salatblatt anrichten; mit den Pinienkernen bestreuen.

Avocadosalat

1 Salatblatt · je 1 kleine reife Avocado, Zwiebel und Tomate · 1 Teel. Obstessig · je 1 Prise edelsüßes Paprikapulver, Meersalz und frisch gemahlener weißer Pfeffer

Das Salatblatt waschen, trockentupfen und auf einen Teller legen. Die Avocado halbieren, den Stein herauslösen und das Avocadofleisch mit einem spitzen kleinen Löffel aus der Schale heben. Die Zwiebel schälen und kleinwürfeln. Die Tomate halbieren, die Kerne entfernen und das Fruchtfleisch kleinschneiden. Den Obstessig mit den Gewürzen über die Zutaten geben und alles locker mischen; auf dem Salatblatt anrichten.

Champignonsalat

125 g Champignons · 1 kleine Möhre (Karotte) · 1 Scheibe frische Ananas · einige Trauben · 1 Blatt Kopfsalat · 1 Teel. Zitronensaft · einige Tropfen Friate (Apfeldicksaft) · 2 Eßl. saure Sahne · 1 Teel. Tomatenketchup · je 1 Prise frisch gemahlener weißer Pfeffer und Kräutersalz · 1 Teel. Kresse oder frisch gehackte Petersilie · 1 Teel. Sonnenblumenkerne

Die Champignons waschen, abtrocknen und feinblättrig schneiden. Die Möhre unter fließendem Wasser gründlich bürsten, eventuell schaben und grobraspeln. Die Ananasscheibe in Stückchen schneiden, dabei die Schale und den harten Strunk entfernen. Die Trauben halbieren. Alles locker mischen. Das Salatblatt waschen, trockentupfen und den Champignonsalat darauf anrichten. Aus dem Zitronen- und dem Apfeldicksaft, der sauren Sahne, dem Ketchup und den Gewürzen eine Marinade bereiten und den Salat damit beträufeln. Mit der Kresse oder der Petersilie und den Sonnenblumenkernen garnieren.

Frühlings-Salat

½ Kopfsalat · 5 Radieschen · 1 Tomate · 1 kleine Zwiebel · je 1 Teel. Sonnenblumenöl und Zitronensaft · je 1 Prise Kräutersalz und frisch gemahlener weißer Pfeffer · reichlich kleingehackte frische Kräuter wie Dill, Petersilie und Estragon

Den Kopfsalat zerpflücken, waschen und trockenschleudern. Die Radieschen waschen und in Scheibchen schneiden. Die Tomate waschen, abtrocknen und achteln. Die Zwiebeln schälen und in dünne Ringe schneiden. Die vorbereiteten Zutaten in eine Schüssel geben und mit einer Marinade aus dem Öl, dem Zitronensaft und den Gewürzen beträufeln; alles locker mischen. Die Kräuter darüberstreuen.

Chicoréesalat

1–2 Stauden Chicorée · ½ Pfirsich · 4 Walnußkerne · 1 Blatt Kopfsalat · 2 Teel. Zitronensaft · 1 Eßl. Sahne · 1 Eßl. Tomatenketchup · 1 Messerspitze frisch geriebener Meerrettich · je 1 Prise Meersalz und frisch gemahlener weißer Pfeffer

Die Chicoréestauden waschen, abtrocknen und in Streifen schneiden, die Pfirsichhälfte waschen und würfeln. Die Walnüsse grobhakken. Das Salatblatt waschen, trockentupfen und auf einen Teller legen. Den Zitronensaft mit der Sahne, dem Ketchup, dem Meerrettich, dem Salz und dem Pfeffer verrühren; den Chicorée und die Pfirsichwürfel damit anmachen, auf dem Salatblatt anrichten. Den Salat mit den Nüssen bestreuen.

Bauern-Salat

2 Eßl. Maiskörner, frisch oder tiefgefroren · ½ Kopfsalat · ½ rote Paprikaschote · 1 kleine Zwiebel · 4 schwarze Oliven · ½ Knoblauchzehe · 1 Eßl. Sonnenblumenöl · je 1 Prise Kräutersalz und frisch gemahlener weißer Pfeffer · 1 Teel. frisch gehackte Kräuter

Tiefgefrorene Maiskörner auftauen lassen, den Kopfsalat zerpflücken, waschen, trokkenschleudern und in eine Schüssel geben. Die Paprikaschote putzen, waschen, abtrocknen und in dünne Streifen schneiden. Die Zwiebel schälen und in Ringe schneiden. Die Maiskörner, die Schotenstreifen und die Zwiebelringe zum Kopfsalat geben. Die Oliven entsteinen und grobhacken. Die Knoblauchzehe schälen, kleinschneiden und mit etwas Salz zerdrücken. Aus dem Öl, dem Knoblauch, dem Salz und dem Pfeffer eine Marinade bereiten und diese unter den Salat mischen. Die gehackten Oliven und die Kräuter darüberstreuen.

Bunter Reissalat

je 2 Eßl. Maiskörner und Erbsen, frisch oder tiefgefroren · 1 gehäufter Eßl. gegarter Naturreis · 1 kleine Zwiebel · ½ rote Paprikaschote · 1 Blatt Kopfsalat · 1 Eßl. Sonnenblumenöl · 1 Eßl. Zitronensaft oder Obstessig · je 1 Prise Kräutersalz und frisch gemahlener weißer Pfeffer · 1 Teel. frisch gehackte Kräuter

Tiefgefrorene Maiskörner und Erbsen in eine Schüssel geben und auftauen lassen. Den Reis zufügen. Die Zwiebel schälen und kleinwürfeln. Die Paprikaschote putzen, waschen, abtrocknen und in kleine Würfel schneiden. Die Zwiebel- und Schotenwürfel zu der Reismischung geben und locker unterheben. Das Salatblatt waschen, trockentupfen und auf einen Teller legen. Aus dem Öl, dem Zitronensaft oder dem Essig, dem Salz und dem Pfeffer eine würzige Marinade bereiten. Die Sauce unter den Reissalat mischen. Den Reissalat auf dem Salatblatt anrichten.

● **Unser Tip:** Statt Naturreis können Sie auch gekeimte Weizenkörner verwenden (Keimen von Getreide siehe Seite 82).

Spinatsalat

1 Teel. Pinienkerne · 50 g frischer junger Spinat · 1 kleiner Apfel · ½ rote Zwiebel · 2 Eßl. saure Sahne · 1 Teel. Zitronensaft oder Obstessig · ½ Teel. mittelscharfer Senf ·

je 1 Prise frisch gemahlener schwarzer Pfeffer und Knoblauchpulver · 1 Teel. frisch gehackte Kräuter

Die Pinienkerne in einer trockenen kleinen Pfanne rösten. Den Spinat verlesen, von groben Stielen befreien und gut abtropfen lassen. Den Apfel vierteln, vom Kerngehäuse befreien und feinwürfeln. Die Zwiebel schälen und in dünne Ringe schneiden. Aus der sauren Sahne, dem Zitronensaft oder dem Essig, dem Senf und den Gewürzen eine Marinade bereiten. Den Spinat mit den Apfelwürfeln und den Zwiebelringen locker mischen, die Sauce unterheben. Den Salat mit den gerösteten Pinienkernen und den Kräutern bestreuen.

Löwenzahnsalat

50 g junge Löwenzahnblätter · ½ Zwiebel · 1 Eßl. Olivenöl · ½ kleine Knoblauchzehe · etwas Meersalz · einige Tropfen Obstessig

Die Löwenzahnblätter gründlich unter fließendem Wasser waschen und gut abtropfen lassen, dann in eine Salatschüssel geben. Die Zwiebel schälen und kleinwürfeln. Das Öl in einer kleinen Pfanne erhitzen. Den Knoblauch mit etwas Salz zerdrükken und mit den Zwiebelwürfeln in dem Öl kurz andünsten. Mit etwas Essig und Wasser ablöschen. Die Mischung über den Löwenzahn gießen, unterheben; den Salat sofort servieren.

Mungobohnensprossensalat

3 Eßl. gekeimte Mungo- oder Sojabohnen · ½ Zwiebel · ¼ Apfel · 1 Stück Salatgurke (50 g) · 2 Eßl. Dickmilch · einige Tropfen Obstessig · 1 Prise Kräutersalz · ½ hartgekochtes Ei · 1 kleine Tomate · 1 Teel. Schnittlauchröllchen oder gehackte Petersilie

Die Keimlinge blanchieren, gut abbrausen und abtropfen lassen. Die Zwiebel, den Apfel und die Gurke schälen, feinwürfeln und mit der Dickmilch, dem Essig und dem Salz mischen. Die abgetropften Keimlinge unterheben. Das Ei und die gewaschene Tomate achteln. Den Salat mit den gehackten Kräutern und den Ei- und Tomatenachteln garnieren.

Brennesselsalat

50 g junge zarte Brennesselblätter · 3 Eßl. saure Sahne · je 1 Teel. Sonnenblumenöl und Zitronensaft · ½ Teel. mittelscharfer Senf · je 1 Prise Kräutersalz und frisch gemahlener weißer Pfeffer · 1 Teel. gehackter Dill oder Schnittlauchröllchen

Die Brennesselblätter gründlich unter fließendem Wasser waschen, gut abtropfen lassen, etwas kleinschneiden. Aus den übrigen Zutaten eine Sauce bereiten und unter den Salat mischen.

Weizenkeimlingesalat

3 Eßl. Weizenkeimlinge (Keimen von Getreidekörnern siehe Seite 82) · 50 g Sauerkraut · je ¼ Apfel und rote Paprikaschote · 2 Eßl. saure Sahne · 1 Eßl. Sonnenblumenöl · einige Tropfen Obstessig · 1 Messerspitze frisch gemahlener Meerrettich · je 1 Prise Koriander, Kümmel und Meersalz · je 1 Teel. Schnittlauchröllchen und gehackte Petersilie

Die Weizenkeimlinge in einem Sieb gründlich kalt abspülen und abtropfen lassen.

Dann in einer Schüssel mit dem Sauerkraut mischen. Den Apfel und die Schote waschen, in kleine Würfel schneiden und ebenfalls untermischen. Aus der sauren Sahne, dem Öl und den Gewürzen eine Marinade bereiten und den Salat damit anmachen; mit den Kräutern bestreuen.

Grünkernsalat

3 Eßl. gedünsteter Grünkern · 1 Salatblatt · ½ Zwiebel · 1–2 Eßl. saure Sahne oder Dickmilch · je 1 Teel. Sonnenblumenöl und Obstessig · je 1 Prise Meersalz und frisch gemahlener weißer Pfeffer · 1 Eßl. frisch gehackte gemischte Kräuter wie Liebstöckel, Estragon, Dill, Petersilie · einige Radieschen

Den Grünkern abkühlen lassen. Das Salatblatt waschen, trockentupfen und auf einen Teller legen. Die Zwiebel schälen, sehr fein würfeln und mit der sauren Sahne oder der Dickmilch, dem Öl, dem Essig, dem Salz und dem Pfeffer zu einer Marinade verrühren. Den Grünkern locker untermischen. Den Salat auf das Salatblatt geben und mit den gehackten Kräutern bestreuen. Die Radieschen waschen, abtrocknen und den Salat damit garnieren.

Weitere Rezepte für Salate finden Sie unter »Speiseplan für sechs Aufbautage« (Seite 26).

Salatsaucen

Salate sind das A und O der Vollwerternährung. Damit Sie Frischkostsalate immer wieder gern essen, geben wir Ihnen noch einige Rezepte für besonders wohlschmekkende Salatsaucen, die Abwechslung garantieren. Kopfsalat, Feldsalat, Endiviensalat, Friséesalat, Radicchiosalat, Eis- oder Eisbergsalat und Eichblattsalat – pur oder gemischt – schmecken mit den folgenden Saucen ausgezeichnet und immer wieder anders.

Knoblauchsauce

¼ Zwiebel · ½ Knoblauchzehe · je 1 Prise Meersalz und frisch gemahlener weißer Pfeffer · 1 Teel. Obstessig oder Zitronensaft · 1 Eßl. Sonnenblumenöl

Die Zwiebel schälen und sehr fein hacken. Die Knoblauchzehe schälen, kleinschneiden und mit etwas Salz zerdrükken. Salz und Pfeffer in einer Schüssel mit dem Essig oder Zitronensaft verrühren, bis das Salz aufgelöst ist. Dann Öl, Knoblauchmus und Zwiebel untermischen.

Varianten:

Senfsauce

Statt der Knoblauchzehe 1 Teelöffel mittelscharfen Senf unter die Sauce rühren.

Kräutersauce

Statt der Knoblauchzehe frisch gehackte gemischte Kräuter wie Petersilie, Schnittlauch, Dill, Estragon, Kerbel, Kresse, Basilikum, Liebstöckel oder Borretsch unterrühren. Statt Meersalz Kräutersalz verwenden.

Kräuter-Rahmsauce

Je 1 Prise Kräutersalz und frisch gemahlener weißer Pfeffer · 1 Eßl. Obstessig oder Zitronensaft ·

Rezepte aus der Vollwertküche

2 Eßl. saure Sahne · 1–2 Teel. frisch gehackte gemischte Kräuter

Das Kräutersalz und den Pfeffer in eine Schüssel geben. Mit dem Essig oder dem Zitronensaft verrühren. Die saure Sahne und die gehackten Kräuter untermischen.

Zitronensauce

Je 1 Prise Meersalz und frisch gemahlener weißer Pfeffer · 1 Eßl. Zitronensaft · 2–3 Eßl. Sahne oder Dickmilch · 1 Teel. frisch gehackte Zitronenmelisse oder Pfefferminze

Das Salz und den Pfeffer in eine Schüssel geben, mit dem Zitronensaft verrühren, bis sich das Salz aufgelöst hat. Nach und nach die Sahne oder die Dickmilch zufügen und rühren, bis eine glatte Sauce entsteht. Die gehackten Kräuter unterheben.

Mayonnaisesauce

1 Eigelb · ½ Teel. mittelscharfer Senf · 10 Eßl. Sonnenblumenöl · 1 Teel. Essig · je 1 Prise Meersalz und frisch gemahlener weißer Pfeffer

Das Eigelb und den Senf mit einem kleinen Schneebesen schaumig rühren, das Öl tropfenweise unterrühren. Die Mayonnaise mit dem Essig, dem Salz und dem Pfeffer abschmecken.

● **Unser Tip:** Die Mayonnaisesauce kann beliebig mit Dickmilch, Magerquark oder Kefir gestreckt werden. Mit Kräutern, Ketchup und Gewürzen kann man sie geschmacklich verändern. Sie paßt besonders gut zu Salaten aus Wurzel- und Knollengemüsen.
Wichtig: Das Ei muß frisch sein und die Mayonnaise im Kühlschrank aufbewahrt und rasch verbraucht werden!

Suppen

Suppen können Sie auch als warme Hauptgerichte essen, dazu einen Frischkostsalat als Vorspeise und ein Dessert nach Rezepten aus diesem Buch (Seite 104). Suppe kann auch magenfreundliche Abendmahlzeit oder spätes Frühstück sein. In jedem Fall ergeben die folgenden Vollwert-Suppenrezepte wohlschmeckende Mahlzeiten, die reich sind an wertvollen Nahrungsbestandteilen.

Gemüsebrühe

Sie brauchen für 4 Portionen:
1 l Wasser · 2 Karotten · ½ Stange Lauch · etwas Petersilienwurzel · ¼ Knolle Sellerie · je ½ Teel. Kümmel und Majoran · 1 Prise Meersalz · 1 Prise frisch gemahlene Muskatnuß · 2 Teel. Hefeflocken · 4 Teel. frisch gehackte Petersilie (oder auch Dill, Basilikum oder Liebstöckel)

Das Gemüse gut waschen, ungeschält kleinschneiden. Das Wasser zum Kochen bringen, das Gemüse zufügen und zugedeckt 10 bis 20 Minuten garkochen (Kochzeit im Dampfdrucktopf 5 bis 7 Minuten). Die Suppe vom Herd nehmen, durchseihen, die Brühe mit Gewürzen abschmecken, die Hefeflocken und die Petersilie darüberstreuen.

Grünkernklößchensuppe

4 Eßl. Gemüsebrühe · 1 gehäufter Eßl. Grünkernmehl · ¼ kleine Zwiebel · ½ Scheibe Vollkornbrot · 1 Teel. Öl · 1 Eigelb · je 1 Prise frisch geriebene Muskatnuß, Majoran und Estragon · Meersalz ·

0,2 l Gemüsebrühe · 1 Teel. Schnittlauchröllchen

Die Gemüsebrühe in einem kleinen Topf aufkochen lassen, das Mehl zufügen und bei schwacher Hitze ausquellen lassen. Die Zwiebel schälen und mit dem Vollkornbrot feinwürfeln, in dem Öl anbraten und zur Grünkernmasse geben. Alles zu einem festen Teig rühren, bis er sich vom Topfboden löst. Unter den abgekühlten Teig das Eigelb und die Gewürze mischen. Die Gemüsebrühe zum Kochen bringen, von der Grünkernmasse mit einem nassen Teelöffel Klößchen abstechen, in die Brühe geben und etwa 15 Minuten darin ziehen lassen. Die Suppe mit Schnittlauch bestreuen.

● **Unser Tip:** Ist die Klößchenmasse zu weich, können Sie sie mit Hirseflocken oder etwas Maismehl binden.

Buchweizensuppe

¼ Zwiebel · 1 Teel. Olivenöl · 1 Eßl. frischgeschroteter Buchweizen · ¼ l Gemüsebrühe · 1 Eßl. saure Sahne · 1 Teel. gehackter Kerbel oder Sauerampfer · 1 Prise Meersalz

Die Zwiebel schälen und in sehr feine Würfel schneiden. Das Öl in einem Topf erhitzen und die Zwiebelwürfel darin glasig dünsten. Den Buchweizenschrot zufügen und leicht anbräunen. Die Gemüsebrühe angießen und aufkochen lassen. Den Buchweizen bei schwacher Hitze in 10 Minuten ausquellen lassen. Die Suppe vom Herd nehmen, die saure Sahne und die gehackten Kräuter unterziehen, eventuell noch nachsalzen.

Haferschrotsuppe

(auch als warmes Frühstück geeignet)
¼ Zwiebel · 1 Teel. Olivenöl · 1 Eßl. feingeschroteter Hafer ·

Feine Suppen, auch als Hauptgerichte: Buchweizensuppe (oben), Zwiebelsuppe und Suppe mit Hirse-Quark-Klößchen (Seite 94)

Rezepte aus der Vollwertküche

¼ l Gemüsebrühe · 1 kleine Möhre (Karotte) · je 1 Prise Meersalz und frisch geriebene Muskatnuß · 1 Teel. gehackte Petersilie

Die Zwiebel schälen und in sehr feine Würfel schneiden. Das Öl in einem Topf erhitzen, die Zwiebelwürfel zufügen und darin glasig dünsten. Den Haferschrot kurz mit anbräunen. Die Gemüsebrühe angießen und aufkochen lassen. Den Schrot bei schwacher Hitze in 10 Minuten ausquellen lassen. Die Möhre unter fließendem Wasser gut bürsten, eventuell schaben, feinreiben und in die Suppe rühren. Die Suppe nach Geschmack mit Salz und Muskat würzen. Mit der Petersilie bestreuen.

Zwiebelsuppe

1 Zwiebel (100 g) · ¼ Knoblauchzehe · 1 Prise Meersalz · 1 Teel. Olivenöl · 1 Teel. Tomatenmark oder das Innere von 1 Tomate · je 1 Prise getrockneter Thymian, Majoran und frisch gemahlener weißer Pfeffer · 0,2 l Gemüsebrühe · 4 Eßl. Weißwein · 1 kleine Scheibe Vollkornbrot · je 1 Teel. Kräuterbutter und frisch geriebener Emmentaler Käse

Die Zwiebel schälen und in dünne Ringe schneiden. Die Knoblauchzehe schälen, kleinschneiden, mit dem Salz bestreuen und mit einer Gabel zerdrücken. Das Öl in einem Topf erhitzen, die Zwiebelringe und den Knoblauch darin andünsten. Das Tomatenmark und die Gewürze zufügen und unter Rühren kurz dünsten. Die Gemüsebrühe zugießen und alles 15 Minuten bei schwacher Hitze kochen lassen. Die Suppe mit dem Wein abschmecken und nochmals kurz aufkochen lassen. Zuletzt die Brotscheibe leicht toasten, mit der Kräuterbutter bestreichen, den Käse darüberstreuen und das Brot kurz im Elektrogrill überbacken; zur Zwiebelsuppe reichen.

Suppe mit Hirse-Quark-Klößchen

Zutaten für 2 Personen:
100 g Magerquark · 20 g weiche Butter · 1 Eigelb · je 1 Prise frisch geriebene Muskatnuß und Meersalz · 80 g Hirseflocken oder gedarrte feingemahlene Hirse · ½ l Gemüsebrühe · 1 Eiweiß · 2 Teel. gehackte Petersilie

Den Quark mit der Butter, dem Eigelb, dem Muskat und dem Salz schaumig rühren. Die Hirseflocken oder das Hirsemehl einstreuen und 30 Minuten quellen lassen. Die Gemüsebrühe erhitzen. Das Eiweiß zu steifem Schnee schlagen und unter die Hirse-Quark-Masse ziehen. Mit einem nassen Teelöffel Klößchen von der Masse abstechen und in die kochende Gemüsebrühe geben. Die Klößchen etwa 15 Minuten bei schwacher Hitze ziehen lassen. Die Suppe mit Petersilie bestreuen.

• **Unser Tip:** Wenn Sie Hirsemehl verwenden, werden die Klößchen etwas fester; dann mit wenig Milch oder Sahne ausgleichen. – Sie können die Hirseklößchen auch in kochendem Salzwasser garen und dazu eine Tomatensauce (Rezept Seite 100) und einen frischen grünen Salat reichen.

Weitere Rezepte für kalorienarme Suppen finden Sie unter »Speiseplan für sechs Aufbautage« (Seite 26).

Gerichte aus Vollgetreide

Sie sind Hauptbestandteil einer Mahlzeit und liefern lebenswichtige Inhaltsstoffe: Weizen, Roggen, Hafer, Gerste, Grünkern, Reis, Hirse oder Buchweizen. Wichtig ist die richtige Zubereitung. Ganze Körner von Weizen, Gerste, Reis, Grünkern werden am Vorabend in der 2- bis 2½fachen Menge kalten Wassers angesetzt – jede Getreideart für sich – und mindestens 6 bis 8 Stunden eingeweicht; danach läßt man sie bei äußerst schwacher Hitze im offenen Topf etwa 1 Stunde ausquellen; eventuell muß Wasser nachgefüllt werden.
Hirse und Buchweizen dagegen werden nicht eingeweicht. Man kocht sie mit der doppelten Menge Wasser auf und läßt sie bei äußerst schwacher Hitze 20 bis 30 Minuten quellen; die Körner nicht zu weich werden lassen.
Geschrotetes Getreide bringt man, mit Wasser bedeckt, unter Rühren zum Kochen und läßt es danach bei schwacher Hitze zugedeckt quellen; das dauert 10 bis 20 Minuten.

Buchweizenpfanne

⅛ l Gemüsebrühe · 50 g Buchweizen · je 1 Lorbeerblatt und Gewürznelke · 1 Zwiebel · 50 g Champignons · 1 Möhre (Karotte) · 50 g Knollensellerie · 1 Teel. Olivenöl · 1 Eßl. saure Sahne · 1 Eigelb · je 1 Prise getrockneter Majoran, Knoblauchpulver und frisch gemahlener weißer Pfeffer · 1 Teel. frisch geriebener Käse

Die Gemüsebrühe aufkochen lassen, den Buchweizen einstreuen, das Lorbeerblatt und die Nelke zufügen und den Buchweizen bei schwacher Hitze in 15 bis 20 Minuten ausquellen lassen. Die Zwiebel schälen und in kleine Würfel schneiden. Die Champignons putzen, waschen, trockentupfen und hacken. Die Möhre unter fließendem Wasser bürsten, eventuell schaben, den Sellerie schälen und beides in kleine Würfel schneiden. Das Öl erhitzen, das Gemüse und die Pilze darin bei mittlerer Hitze andünsten, dann vom Herd nehmen und abkühlen lassen; mit der sauren Sahne und dem Eigelb binden. Den Backofen auf 200° C vorheizen. Aus dem Buchweizen das Lorbeerblatt und die Nelke entfernen, das Gemüse zufügen und unterrühren. Die Buchweizenmasse mit dem Majoran, dem Knoblauch und dem Pfeffer würzen und mit dem Käse bestreut im Backofen überbacken, bis der Käse zu schmelzen beginnt.
● Dazu paßt: Frühlings-Salat (Seite 88).

Fünfkornbratlinge

⅛ l Gemüsebrühe · 2 Eßl. mittelgrob geschrotete Fünfkornmischung · 1 Eßl. geschrotete Hirse · 1 kleine Stange Lauch (Porree) · je ½ kleine Zwiebel und Knoblauchzehe · 1 Eßl. Olivenöl · 1 Ei · 1 Prise Currypulver oder getrocknete Kräuter wie Liebstöckel oder Majoran · ½ Teel. Hefeflocken · 1 Teel. frisch gehackte Petersilie · etwas Öl zum Braten

Die Gemüsebrühe zum Kochen bringen. Den Fünfkorn- und den Hirseschrot einstreuen und 10 Minuten bei mittlerer Hitze kochen, dann 10 Minuten auf der ausgeschalteten Herdplatte nachquellen lassen. Vom Lauch die dunkelgrünen

Rezepte aus der Vollwertküche

Enden entfernen, die Stange längs halbieren, gründlich waschen und in feine Streifen schneiden. Die Zwiebel schälen und sehr fein würfeln. Die Knoblauchzehe schälen, kleinschneiden und mit etwas Salz bestreut mit einer Gabel zerdrücken. Die Zwiebelwürfel und den Knoblauch in dem Öl andünsten, den Lauch zufügen und fast gar dünsten. Den Kornbrei etwas abkühlen lassen, dann das Ei, die Gewürze, die Hefeflocken, das Gemüse und die Petersilie unterrühren. Aus dem Teig mit nassen Händen Bratlinge formen und in wenig Öl von beiden Seiten knusprig braun braten.

- **Unser Tip:** Sollte die Bratlingmasse noch etwas zu weich sein, fügen Sie Hirseflocken oder Weizenkleie zu.
- Dazu paßt: Fenchelgemüse in Tomatensauce (Seite 101).

Getreiderösti

50 g grobgeschroteter Grünkern oder Weizen · 1/8 l Wasser · je 1 Lorbeerblatt und Gewürznelke · 1 kleine Zwiebel · 1 kleine Möhre (Karotte) · 50 g Knollensellerie · 1 Eßl. Olivenöl · je 1 Prise Kräutersalz, Hefeflocken, getrockneter Estragon, Basilikum, Rosmarin, Koriander · 1 Teel. frisch gehackte Petersilie

Das Getreide 30 Minuten in dem Wasser einweichen, mit dem Lorbeerblatt und der Nelke bei schwacher Hitze etwa 20 Minuten kochen, dann 20 Minuten nachquellen lassen. Die Zwiebel schälen und feinhacken. Die Möhre unter fließendem Wasser bürsten, den Sellerie schälen und beides kleinwürfeln. 1 Teelöffel Öl in einer Pfanne erhitzen und das Gemüse kurz darin dünsten. Das Getreide mit den Gewürzen abschmekken und zu dem Gemüse geben, mit einem Pfannenwender glattstreichen und von beiden Seiten braten; vor dem Wenden das restliche Öl in die Pfanne geben. Das Getreiderösti mit der gehackten Petersilie bestreuen.

- Dazu paßt: Champignonsalat (Seite 88).

Zucchini-Hirse-Pfanne

1 kleine Zwiebel · 1/2 Knoblauchzehe · 1 Zucchini · 1/2 Eßl. Olivenöl · je 1 Prise getrockneter Oregano, frisch gemahlener weißer Pfeffer, Meersalz und Hefeflocken · 2 Eßl. Quark · 1 Ei · 2 Eßl. gedünstete Hirse · 1 Eßl. trockener Schafkäse

Die Zwiebel und den Knoblauch schälen, die Zwiebel würfeln und den Knoblauch sehr fein hacken. Die Zucchini waschen, abtrocknen und grobraspeln. Etwas Öl in einer Pfanne erhitzen, die Zwiebelwürfel und den Knoblauch darin glasig dünsten. Die Zucchini zufügen und kurz mit andünsten, die Pfanne vom Herd nehmen und die Gemüsemischung mit dem Oregano, dem Pfeffer, dem Meersalz und den Hefeflocken würzen. Den Quark, das Ei und die gedünstete Hirse unterziehen. Das restliche Öl in einer weiteren Pfanne erhitzen und die Masse darin stocken lassen; mit dem geriebenen Schafkäse bestreuen.

- Dazu paßt: Fenchelsalat (Seite 87).

Tomatenhirse

30 g Hirse · ½ kleine Zwiebel · 1 Tomate · 0,1 l Gemüsebrühe · 1 Teel. Olivenöl · je 1 Prise Meersalz, Knoblauchpulver, getrocknetes Basilikum, frisch geriebene Muskatnuß · 1 Teel. frisch gehackte Petersilie

Die Hirse in einem Sieb erst kalt, dann warm abspülen und abtropfen lassen, in einer Pfanne bei schwacher Hitze darren lassen, dabei gelegentlich umrühren. Die Zwiebel schälen und kleinwürfeln. Die Tomate waschen, abtrocknen, den Stielansatz herausschneiden und die Tomate ebenfalls in kleine Würfel schneiden. Die Gemüsebrühe aufkochen lassen, die Hirse einstreuen und in etwa 15 Minuten bei schwacher Hitze garen, dann nachquellen lassen. Das Öl in einer kleinen Pfanne erhitzen, die Zwiebelwürfel darin glasig dünsten, die Tomatenwürfel zufügen und mit den Gewürzen abschmecken, kurz aufkochen lassen. Das Gemüse unter die Hirse geben, mit der Petersilie bestreuen.

● Dazu paßt: Indischer Blumenkohlsalat (Seite 85).

● **Unser Tip:** Größere Mengen Hirse darren am besten auf einem Backblech im auf 80°C vorgeheizten Backofen; das dauert etwa 1 Stunde.

Gedünsteter Naturreis

50 g Naturreis · 0,1–0,15 l Wasser · 1 Messerspitze Meersalz oder Kräutersalz · 1 Teel. Butter · 1 Teel. frisch gehackte Kräuter wie Petersilie, Pimpinelle oder Schnittlauchröllchen

Den Reis in einem Sieb unter fließendem Wasser gründlich waschen, bis das Wasser klar abläuft und mit Wasser bedeckt 10 bis 12 Stunden – am besten über Nacht – quellen lassen. Den Reis im Einweichwasser zum Kochen bringen und zugedeckt bei schwacher Hitze in 30 bis 40 Minuten ausquellen lassen; eventuell etwas heißes Wasser nachgießen. Kurz vor Ende der Garzeit mit dem Salz oder der gekörnten Gemüsebrühe würzen und die Butter zufügen. Die Kräuter locker unter den Reis heben.

● Dazu paßt: Gefüllte Zwiebel (Seite 101).

Indische Naturreispfanne

1 Möhre (Karotte) · ½ Stange Lauch (Porree) · 1 kleine Zucchini · 50 g Weißkohl · 1 Eßl. Olivenöl · 2 Eßl. gekeimte Soja- oder Mungobohnen · 2 Eßl. gedünsteter Naturreis · je 1 Prise Curry- und Kümmelpulver, frisch gemahlener weißer Pfeffer und Meersalz · je einige Tropfen Sojasauce und Essig

Die Möhre, den Lauch und die Zucchini gründlich waschen, die Möhre eventuell schaben; das Gemüse in Scheibchen schneiden. Den Weißkohl in feine Streifen schneiden. Das Öl in einer Pfanne erhitzen, das Gemüse zufügen, mit etwas Wasser aufgießen und in etwa 10 Minuten bei schwacher Hitze gar dünsten. Die Keimlinge unter fließendem Wasser gut waschen, abtropfen lassen und mit dem Reis locker unter das Gemüse heben. Die Reispfanne mit den Gewürzen abschmecken, nochmals kurz erhitzen; dann sofort servieren.

● Dazu paßt: Englischer Selleriesalat (Seite 86).

Rezepte aus der Vollwertküche

Gedünsteter Grünkern

½ kleine Zwiebel · 1 Teel. Olivenöl · 50 g Grünkern · ⅛ l Gemüsebrühe

Die Zwiebel schälen und kleinwürfeln. Das Öl in einem kleinen Topf erhitzen und die Zwiebelwürfel darin glasig dünsten. Dann den Grünkern zufügen und unter Rühren 2 bis 3 Minuten mitbraten. Die Gemüsebrühe zugeben, aufkochen lassen. Den Grünkern zugedeckt bei schwacher Hitze in 15 bis 20 Minuten ausquellen lassen.

- Dazu paßt: Tomatensalat (Seite 86).
- **Unser Tip:** Der gedünstete Grünkern eignet sich gut als Füllung von Kohlrabi und Zwiebeln sowie für Getreidesalate.

Süße Hirse-Quark-Bratlinge

100 g Pellkartoffeln · 50 g Magerquark · ½ Ei · 1 Eßl. Hirseflocken · 2 Datteln · 2 Teel. Honig · je 1 Prise Meersalz und Zimtpulver · 1 Messerspitze abgeriebene Zitronenschale · 1 Eßl. Olivenöl

Die abgekühlten Pellkartoffeln schälen und grobreiben, dann mit dem Quark, dem Ei und den Hirseflocken mischen. Die Datteln entsteinen, kleinhacken und mit dem Honig und den Gewürzen unter den Teig mengen. Mit einem Eßlöffel Klöße abstechen, etwas flachdrücken und in dem Öl auf beiden Seiten goldgelb backen.

- Dazu paßt: Obstsalat, mit 1 Teelöffel frischen Weizenkeimlingen bestreut.

Vollkornnudeln mit Tomaten-Pilzsauce

50 g Vollkornnudeln · 1 kleine Zwiebel · ½ kleine Knoblauchzehe · 50 g Steinpilze · 2 Tomaten · 1 Eßl. Olivenöl · je 1 Prise Meersalz, frisch gemahlener weißer Pfeffer und getrockneter Oregano · 1 Eßl. frisch gehackte Petersilie und Basilikum

Die Nudeln in reichlich Salzwasser bißfest kochen. Die Zwiebel und den Knoblauch schälen, die Zwiebel in kleine Würfel schneiden, den Knoblauch feinhacken. Die Steinpilze putzen, waschen, abtrocknen und feinschneiden. Die Tomaten brühen, häuten, vom Stielansatz befreien und zerkleinern. Das Öl in einer Pfanne erhitzen, die Zwiebelwürfel, den Knoblauch und die Pilze darin kurz anbraten und die Tomaten zufügen; alles mit den Gewürzen abschmecken und kurz aufkochen lassen. Die Nudeln abtropfen lassen, in einen Teller füllen, mit der Tomaten-Pilz-Sauce übergießen und mit den Kräutern bestreuen.

- Dazu paßt: Spinatsalat in Kräuter-Rahmsauce (Seite 89).

Grüne Vollkornnudeln mit Walnußsauce

50 g grüne Vollkornnudeln · 5 Walnußkerne · 1 Prise Meersalz · 1 Teel. Olivenöl · 1 Eßl. Sahne

Die grünen Nudeln in reichlich Salzwasser bißfest kochen. Für die Sauce die Nüsse im Mörser mit dem Salz zerstoßen. Tropfenweise das Öl und die Sahne zufügen und alles rühren, bis eine dickflüssige Masse entstanden ist. Die Walnußsauce zu den Nudeln reichen.

- Dazu paßt: Chicoréesalat (Seite 89).

Besonders gesund sind Gerichte aus Vollgetreide; richtig zubereitet, kleine Köstlichkeiten: zum Beispiel (von links) Vollkornnudeln mit Tomaten-Pilzsauce, süße Hirse-Quark-Bratlinge (Seite 98) oder Tomatenhirse (Seite 97).

Allgäuer Spätzle

100 g feingemahlenes Weizenvollkornmehl Type 1700 ·
1 Ei · je 1 Prise frisch geriebene Muskatnuß und Kräutersalz ·
1 Zwiebel · 1 Teel. Öl ·
1–2 Eßl. frisch geriebener Emmentaler Käse

Das Mehl mit dem Ei, den Gewürzen und wenig Wasser zu einem glatten Teig rühren und so lange schlagen, bis er Blasen wirft. Dann wie üblich Spätzle aus dem Teig bereiten, das heißt entweder von einem nassen Holzbrett den Teig mit einem Messer in kochendes Salzwasser schaben oder mit der Spätzlepresse in das kochende Wasser drücken. Die Spätzle einmal umrühren, aufkochen lassen; sie sind gar, wenn sie an der Oberfläche schwimmen. Inzwischen die Zwiebel schälen, in kleine Würfel schneiden und in dem Öl anbraten. Die Spätzle mit einem Schaumlöffel aus dem Wasser heben, auf einen vorgewärmten Teller geben, mit den Zwiebelwürfeln und dem Käse bestreuen und sofort servieren.

- Dazu paßt: Eisbergsalat in Kräuter-Rahmsauce (Seite 91).

Gefüllte Spinat-Pfannkuchen

2 Eßl. feingemahlenes Weizenvollkornmehl Type 1700 ·
1 Ei · 5 Eßl. Frischmilch oder Mineralwasser · je 1 Prise Meersalz und frisch geriebene Muskatnuß · 100 g junger Blattspinat · 1 kleine Zwiebel ·
½ kleine Knoblauchzehe ·

1 Teel. Olivenöl · je 1 Prise Kräutersalz, Hefeflocken und frisch gemahlener weißer Pfeffer · 2 Eßl. Hüttenkäse · 1 Teel. Öl · 2 Eßl. saure Sahne · 1 Eßl. frisch geriebener Käse
Für die Form: Öl

Aus dem Mehl, dem Ei und der Milch oder dem Mineralwasser einen dünnen Pfannkuchenteig bereiten, würzen und etwa 30 Minuten quellen lassen. Für die Füllung den Spinat verlesen, dabei grobe Blattstiele entfernen und gründlich kalt waschen. Die Zwiebel schälen und in kleine Würfel schneiden. Die Knoblauchzehe schälen und sehr fein hacken. Das Öl in einem Topf erhitzen und die Zwiebelwürfel und den Knoblauch darin glasig dünsten. Den nicht abgetropften Spinat zufügen und andünsten, kräftig würzen, dann auskühlen lassen. Aus dem Teig in wenig Öl dünne Pfannkuchen backen. Den Backofen auf 200° vorheizen. Den abgekühlten Spinat mit dem Hüttenkäse mischen. Eine kleine feuerfeste Form oder Platte mit wenig Öl ausstreichen. Die Pfannkuchen mit der Spinatfarce füllen und in die Form legen, mit der sauren Sahne bestreichen, mit dem Käse bestreuen und im Backofen kurz überbacken.

● Dazu paßt: Möhrensalat mit Apfel (Seite 29).

Tomatensauce

je ½ Zwiebel und Knoblauchzehe · 1 Prise Meersalz · 250 g reife Tomaten · 1 Teel. Olivenöl · ¼ Lorbeerblatt · 1 Prise getrockneter Thymian · 1 Prise frisch gemahlener weißer Pfeffer · 1 Teel. frisch gehackte Petersilie ·
½ Teel. frisch gehacktes Basilikum · Friate (Apfeldicksaft)

Die Zwiebel und den Knoblauch schälen, beides feinschneiden und den Knoblauch mit dem Salz zerdrükken. Die Tomaten waschen und vierteln. Das Öl in einem Topf erhitzen, die Zwiebelstückchen und den Knoblauch zufügen und darin andünsten. Die Tomatenviertel mit dem Lorbeerblatt und dem zerriebenen Thymian zufügen und in etwa 10 Minuten unter häufigem Rühren zu einer dickflüssigen Sauce kochen. Die Tomatensauce durch ein Sieb streichen oder im Mixer pürieren, eventuell noch etwas einkochen lassen und mit dem Pfeffer, der Petersilie, dem Basilikum und nach Geschmack mit etwas Apfeldicksaft würzen.

● Paßt gut zu: gedünstetem Naturreis (Seite 97), Zucchini-Hirse-Pfanne (Seite 96), Haferbratlingen (Seite 32) und Vollkornnudeln.

Weitere Rezepte für Gerichte aus Vollgetreide finden Sie unter »Speiseplan für sechs Aufbautage« (Seite 26).

Gemüse und Kartoffeln

Gemüse, ideale Ergänzung aller Gerichte aus Getreide und Kartoffeln, kaufen Sie am besten vom Erzeuger oder auf dem Wochenmarkt, wenn anzunehmen ist, daß es keinen längeren Transport hinter sich hat.
Kartoffeln sind immer dann willkommen, wenn für den Frischkostsalat oder für das Gemüse einmal ausschließlich Blatt- oder Stengelgemüse zur Verfügung stehen.

Gefüllte Zwiebel

1 große Gemüsezwiebel · 1 Eßl. Weißwein · 0,1 l Gemüsebrühe · 50 g Pfifferlinge oder Champignons · ¼ Stange Lauch (Porree) · 1 Teel. Öl · 1 Eßl. Hafermehl · je 1 Prise getrockneter Thymian, frisch geriebene Muskatnuß und Meersalz · 1 Teel. frisch gehackte Petersilie · 4 Eßl. Gemüsebrühe · 2 Eßl. Sahne.
Für die Form: Öl

Die Zwiebel schälen und quer halbieren. Die Zwiebelhälften in dem Wein und der Gemüsebrühe in 15 Minuten garen. Das Zwiebelfleisch dann herauslösen und in kleine Würfel schneiden. Die Pilze und den Lauch putzen, gründlich waschen, abtrocknen und feinhacken. Die Zwiebelwürfel, den Lauch und die Pilzstückchen in dem Öl etwa 10 Minuten dünsten. Die Masse mit dem Mehl binden und mit den Gewürzen kräftig abschmecken. Den Backofen auf 180° vorheizen. Die ausgehöhlten Zwiebelhälften in eine leicht gefettete, feuerfeste Form setzen. Die Pilzmasse mit der Petersilie mischen und in die Zwiebelhälften füllen; die Gemüsebrühe angießen und die Zwiebeln zugedeckt in 25 bis 30 Minuten garen. Die gefüllten Zwiebeln auf einen vorgewärmten Teller geben. Den Gemüsefond mit der Sahne etwas einkochen lassen und über die Zwiebeln gießen.

- Dazu paßt: Naturreis neapolitanische Art (Seite 30).

Bohnengemüse

100 g Prinzeßbohnen · ½ kleine Knoblauchzehe · 1 Prise Meersalz · ½ Zwiebel · 1 Teel. Olivenöl · 2–3 Eßl. Gemüsebrühe · etwas Bohnenkraut · 1 Prise Hefeflocken und frisch gemahlener schwarzer Pfeffer

Die Bohnen waschen und abtropfen lassen, Stielenden und Spitzen abschneiden. Den Knoblauch feinhacken und mit dem Salz zerdrükken. Die Zwiebel schälen und in Würfel schneiden. Das Öl in einem Topf erwärmen, den Knoblauch und die Zwiebelwürfel darin glasig dünsten, die Gemüsebrühe angießen, die Bohnen und das Bohnenkraut zufügen und zugedeckt bei schwacher Hitze in 15 Minuten garen. Das Gemüse mit den Hefeflocken und dem Pfeffer abschmecken.

- Paßt gut zu: Kartoffelgratin (Seite 102).

Fenchelgemüse in Tomatensauce

1 kleine Zwiebel · 1 Teel. Öl · 1 kleine Fenchelknolle · 3 Eßl. Weißwein oder Gemüsebrühe · je 1 Prise frisch gemahlener weißer Pfeffer und Meersalz · je 1 Teel. Zitronensaft und Tomatenmark

Die Zwiebel schälen und sehr fein würfeln. Das Öl in einem Topf erhitzen, die Zwiebelwürfel darin glasig dünsten. Die Fenchelknolle waschen und halbieren, das Grün feinhacken und beiseite stellen. Den Fenchel zu den Zwiebeln geben, den Wein oder die Brühe zugießen und das Gemüse in etwa 20 Minuten bei schwacher Hitze gar dünsten. Den Fenchel würzen und auf einem vorgewärmten Teller anrichten. Den Gemüsefond mit dem Zitronensaft und dem Tomatenmark verrühren, im offenen Topf etwas einkochen lassen und über die Fenchelknollen verteilen. Das Fenchelgrün darüberstreuen.

- Dazu paßt: Fünfkornbratlinge (Seite 95).

Rezepte aus der Vollwertküche

Überbackener Staudensellerie

250 g Staudensellerie · ⅛ l Gemüsebrühe oder Wasser · ½ Zwiebel · 1 Tomate · 1 Teel. Olivenöl · 1 Eigelb · 2 Eßl. saure Sahne · 1 Eßl. geriebener Emmentaler Käse · je 1 Prise Kräutersalz, frisch geriebene Muskatnuß, weißer Pfeffer und getrocknetes Basilikum

Die Selleriestangen putzen, waschen, in 10 cm lange Stücke schneiden und in der Brühe oder dem Wasser in 15 Minuten bißfest garen. Den Backofen auf 200°C vorheizen. Die Zwiebel schälen und feinhacken. Die Tomate waschen, halbieren, Kerne und Stielansätze entfernen, das Fruchtfleisch kleinschneiden. Das Öl in einer feuerfesten Form erhitzen, die Zwiebel darin andünsten. Den Sellerie abtropfen lassen und darauflegen. Das Eigelb mit der Sahne, dem Käse, dem Salz, dem Muskat und dem Pfeffer verrühren und über den Sellerie geben. Die Tomatenstückchen darüber verteilen und mit dem Basilikum würzen. Den Sellerie 10 Minuten überbacken.

● Paßt gut zu: allen Getreide- und Kartoffelgerichten.

Möhrenbratlinge

1 kleine Möhre (Karotte, 100 g) · 1 Kartoffel (60 g) · 1 Eßl. Weizen-Vollkornmehl · 1 Ei · je 1 Prise getrocknetes Liebstöckel, Meersalz, Pfeffer und frisch geriebene Muskatnuß · je 1 Teel. frisch gehackte Petersilie und Dill · 1 Teel. Olivenöl

Die Möhre und die Kartoffel gründlich unter fließendem Wasser bürsten, grobreiben und mit dem Mehl und dem Ei mischen. Die Gewürze und Kräuter untermengen. Kleine Küchlein formen und in dem Öl von beiden Seiten goldgelb backen.

● Dazu paßt: Frischkostsalat.

Weitere Rezepte für kalorienarme Gemüsegerichte finden Sie unter »Speiseplan für sechs Aufbautage« (Seite 26).

Kartoffelgratin

3 gekochte Pellkartoffeln (Seite 28) · je 1 Prise Kräutersalz, Kümmel, Majoran, frisch gemahlener weißer Pfeffer, Hefeflocken, frisch geriebene Muskatnuß · 1 kleine Möhre (Karotte) · 50 g Sellerieknolle · ½ kleine Zwiebel · 4 Eßl. saure Sahne · 1 Teel. geriebener Parmesankäse

Die Kartoffeln schälen, in Scheiben schneiden und mit den Gewürzen bestreuen. Die Möhre, das Selleriestück und die Zwiebel schälen und über die Kartoffelscheiben raspeln, das Gemüse unterheben. Die Mischung in eine gefettete Auflaufform geben. Den Backofen auf 180°C vorheizen. Die saure Sahne mit dem Käse vermischen, über die Kartoffeln gießen und den Gratin im Backofen in etwa 30 Minuten garen.

● Dazu paßt: Lammkoteletts in Zitronenbutter (Seite 103).

Gefüllte Kartoffeln

3 mittelgroße Pellkartoffeln · 2 Teel. weiche Butter · 2 Eßl. saure Sahne · je 1 Prise Kräutersalz und Majoran · 50 g Sellerieknolle · 1 kleine Möhre (Karotte)

Den Backofen auf 180 °C vorheizen. Die Pellkartoffeln schälen, einen Deckel abschneiden und die Kartoffeln vorsichtig aushöhlen. Die Kartoffelmasse mit einer Gabel zerdrücken, die Butter, die saure Sahne und die Gewürze zufügen. Das Selleriestück und die Möhre waschen, feinreiben und unter die Kartoffelmasse mischen. Die Farce in die Kartoffeln füllen. Eine kleine Auflaufform mit Öl auspinseln und die Kartoffeln darin im Backofen 10 bis 15 Minuten erhitzen.

● Dazu paßt: Hähnchenkeule mit Basilikum (siehe oben rechts).

Fisch und Fleisch

Fisch und Fleisch müssen nicht völlig aus der Vollwertküche verbannt werden. Aber sie sollten nie Hauptbestandteil eines Essens sein und vor allem nicht täglich auf dem Speiseplan stehen. Ein- bis zweimal wöchentlich können Sie Ihren Appetit auf Fleisch oder Fisch stillen. Die folgenden Rezeptbeispiele sollen Ihnen in erster Linie das bekömmliche Maß für die Größe der Portion vermitteln und Anregungen geben, wie man Fisch und Fleisch durch Kräuter und Gewürze aufwertet.

Lammkoteletts in Zitronenbutter

2 Lammkoteletts (etwa 150 g) · 1 Eßl. Zitronensaft · je 1 Prise Meersalz und frisch gemahlener schwarzer Pfeffer · 1 Teel. Öl · ½ kleine Zwiebel · 1 Teel. Butter · 1 Teel. frisch gehackte Petersilie

Die Koteletts mit ½ Eßlöffel Zitronensaft einreiben, mit dem Salz und dem Pfeffer würzen, mit etwas Öl bestreichen und etwa 10 Minuten ziehen lassen. Die Zwiebel schälen, feinwürfeln und in der Butter bei schwacher Hitze dünsten, ohne sie zu bräunen. Dann den restlichen Zitronensaft und die gehackte Petersilie zufügen. Die Koteletts etwa 5 Minuten von jeder Seite grillen, auf einen vorgewärmten Teller geben und die Zitronenbutter darüberträufeln.

● Dazu paßt: Zucchini-Tomaten-Gemüse (Seite 31) und gedünsteter Naturreis (Seite 97) oder Kartoffelgratin (Seite 102).

Hähnchenkeule mit Basilikum

8 frische Blätter Basilikum · ½ kleine Knoblauchzehe · 1 Teel. Pinienkerne oder Mandeln · ½ Eßl. Olivenöl · 1 Teel. geriebener Parmesankäse · 1 Hähnchenkeule (etwa 220 g) · je 1 Prise Meersalz und frisch gemahlener weißer Pfeffer · 1 Teel. Öl · 2 Eßl. Weißwein oder Gemüsebrühe

Die Basilikumblätter waschen und trockentupfen. Den Knoblauch schälen und mit den Pinienkernen oder den Mandeln grob zerkleinern. 2 Basilikumblättchen zum Garnieren zurückbehalten, das restliche Basilikum mit dem Knoblauch und den Pinienkernen oder Mandeln im Mörser fein zerstoßen, das Olivenöl und den geriebenen Käse zufügen und untermischen. Die Hähnchenkeule waschen, abtrocknen, die Haut von der Keule mit einem spitzen Messer lösen und die Basilikumpaste in den Zwischenraum streichen. Das Fleisch mit dem Salz und dem Pfeffer würzen und in dem Öl von beiden Seiten bei starker Hitze anbraten, bei mittlerer Hitze in 15 bis 20 Minuten fertig garen. Dann die Keule herausnehmen und warm stellen, das Bratfett abgießen und den Fond mit dem Wein oder der Gemüsebrühe kurz aufkochen lassen und über die Hähnchenkeule gießen; mit den Basilikumblättchen garnieren.

● Dazu paßt: Gefüllte Kartoffeln (Seite 102).

Kabeljaufilet in Pilzsauce

150 g Kabeljaufilet · 1 Teel. Zitronensaft · 1 Prise Kräutersalz · ½ Zwiebel · 1 Teel. Olivenöl · 1 Eßl. Weißwein · 50 g frische Pilze · 1 Teel. Öl · je 1 Prise frisch geriebene Muskatnuß, Kräutersalz und frisch gemahlener weißer Pfeffer · 1 Eßl. saure Sahne · 1 Teel. frisch gehackte gemischte Kräuter

Das Fischfilet waschen, abtrocknen, mit dem Zitronensaft beträufeln und mit dem Kräutersalz würzen. Die Zwiebel schälen und in kleine Würfel schneiden. Das Olivenöl in einer Pfanne erhitzen, die Zwiebelwürfel darin andünsten, den Fisch in die Pfanne geben, den Wein angießen und das Fischfilet darin 5 Minuten dünsten; dann warm stellen. Für die Sauce die Pilze putzen, waschen, abtrocknen und in dem Öl anbraten. Mit dem Muskat, dem Pfeffer und dem Kräutersalz würzen und über den Fisch geben. Den Fond aus der Fischpfanne mit der sauren Sahne binden, kurz erhitzen, aber nicht mehr kochen lassen, mit den frischen Kräutern abschmecken und über den Fisch und die Pilze gießen.

● Dazu paßt: Bircher-Kartoffeln (Seite 36).

Muschelrisotto

100 g Muschelfleisch, frisch oder tiefgefroren · 1 Teel. Olivenöl · 30 g Naturreis · 0,1 l Gemüsebrühe · 3 Eßl. Weißwein · je ½ Zwiebel und Knoblauchzehe · 1 Teel. Öl · je 1 Prise frisch gemahlener weißer Pfeffer, getrockneter Oregano, frisch geriebene Muskatnuß und Hefeflocken · 1 Teel. frisch gehackte Petersilie oder Basilikum

Tiefgefrorenes Muschelfleisch aus der Verpackung nehmen und zugedeckt auftauen lassen. Das Olivenöl in einem Topf erhitzen, den Reis zufügen und unter Rühren glasig braten. Die Gemüsebrühe und den Wein angießen und den Reis darin bei schwacher Hitze in 30 Minuten ausquellen lassen. Die Zwiebel und den Knoblauch schälen, die Zwiebel kleinwürfeln, den Knoblauch feinhacken. Das Öl in einer Pfanne erhitzen, die Zwiebel- und Knoblauchstückchen darin andünsten, das Muschelfleisch zufügen und kurz erhitzen. Den Reis mit den Gewürzen abschmecken und das Muschelfleisch locker unterheben. Das Muschelrisotto mit der Petersilie bestreuen und sofort servieren.

● Dazu paßt: Fenchelgemüse in Tomatensauce (Seite 101).

Desserts

Hier finden Sie süße Nachspeisen, aber ohne Zucker zubereitet. Hauptbestandteil ist vollwertiges Obst, Zutaten in der Regel Milchprodukte und Nüsse.

Halten Sie sich an die angegebenen Mengen der Zutaten. Wählen Sie jeweils Rezepte mit dem Obst, das gerade »Saison hat«.

Ein Menü, auch für besondere Gelegenheiten: vorweg ein Salat, dann Lammkoteletts in Zitronenbutter mit Kartoffelgratin (Seite 103 und 102), zum Abschluß zarte Erdbeercreme (Seite 106).

Gefüllte Grapefruit

½ rosafleischige Grapefruit · 1 Mandarine oder einige Erdbeeren · 1 Teel. mit Honig gesüßter Sanddornsaft · 2 Walnußkerne

Die Grapefruit halbieren, das Fruchtfleisch mit einem spitzen Messer aus der Schale lösen, in Spalten teilen und filetieren. Die Mandarine schälen, sehr sorgfältig von den weißen Fäden befreien und in kleine Stücke schneiden. Erdbeeren waschen, trockentupfen, von den Stielenden befreien, große Beeren halbieren oder vierteln. Die Früchte mit dem Sanddornsaft locker mischen und in die Grapefruitschale füllen. Die gefüllte Grapefruit mit den Nüssen garnieren.

Sanddornapfel

1 Apfel · 2 Eßl. Sahne oder Dickmilch · 1 Teel. mit Honig gesüßter Sanddornsaft · 1 Prise Zimtpulver · 1 Teel. Weizenkeimlinge

Den Apfel waschen und das Kerngehäuse mit einem Apfelausstecher ausstechen. Den Apfel in feine Scheiben schneiden. Die Sahne oder die Dickmilch mit dem Sanddornsaft und dem Zimt mischen und über die Apfelscheiben gießen. Die Weizenkeimlinge darüberstreuen.

Obstsalat mit Trockenfrüchten

3 getrocknete Aprikosen oder Pflaumen · 5 Erdbeeren · 2 Scheiben frische Ananas ·

Rezepte aus der Vollwertküche

1 kleine Orange · 1 Teel. Zitronensaft · 2 Teel. mit Honig gesüßter Sanddornsaft · 2 Eßl. Sahne oder Dickmilch · einige Haselnußkerne

Die Trockenfrüchte über Nacht in wenig Wasser einweichen. Die Erdbeeren waschen, abtrocknen, von den Stielenden befreien und halbieren. Die Ananasscheiben würfeln. Die Orange schälen, gründlich von der weißen Haut befreien, in Spalten teilen und mit den Trockenfrüchten kleinschneiden. Den Zitronensaft mit dem Sanddornsaft und der Sahne oder der Dickmilch verrühren und das Obst unterziehen. Den Obstsalat mit den Nüssen garnieren.

Frische Ananas

2 Scheiben frische Ananas · 1 Teel. mit Honig gesüßter Sanddornsaft · 1 Eßl. Dickmilch

Die Ananasscheiben schälen, den harten Strunk in der Mitte herausstechen und die Scheiben auf einen Teller legen. Den Sanddornsaft mit der Dickmilch mischen und über die Ananasscheiben verteilen.

Orangencreme

50 g Magerquark · 1 Eßl. Frischmilch · 1 Teel. mit Honig gesüßter Sanddornsaft · 1 Prise abgeriebene Zitronenschale · 1 Orange · 4 Himbeeren · 1 Walnußkern

Den Quark mit der Milch, dem Sanddornsaft und der Zitronenschale mischen und glattrühren. Die Orange schälen, gründlich von der weißen Haut befreien, in Spalten teilen und in Würfel schneiden. Die Himbeeren waschen. Das Obst unter die Quarkcreme ziehen und mit der Walnuß garnieren.

● **Unser Tip:** 1 bis 2 Eßlöffel untergezogene Schlagsahne verfeinern das Dessert.

Erdbeercreme

100 g Erdbeeren · 1 Teel. mit Honig gesüßter Sanddornsaft · 1 Messerspitze abgeriebene unbehandelte Zitronenschale oder Vanillemark · 50 g Quark · ½ Teel. gehackte Pistazienkerne

Die Erdbeeren waschen, abtrocknen und 2 Beeren zum Garnieren zurückbehalten. Die übrigen Erdbeeren mit einer Gabel zerdrücken und mit dem Sanddornsaft und der Zitronenschale oder dem Vanillemark mischen. Den Quark unter die Erdbeermasse ziehen. Die Creme in einem Glasschälchen mit Erdbeeren und Pistazien garnieren.

● **Unser Tip:** 2 Eßlöffel Schlagsahne machen die Creme üppiger.

Variante:

Himbeercreme

Statt der Erdbeeren 100 g tiefgefrorene Himbeeren auftauen lassen, pürieren und wie oben beschrieben weiterverarbeiten.

Reissalat Hawaii

30 g Naturreis · 0,1 l Wasser · 1 Teel. Honig · 1 Prise abgeriebene unbehandelte Zitronenschale · 2 Eßl. Schlagsahne · 2 Scheiben frische Ananas · 2 Kirschen · 3 grobgehackte Mandeln

Den Reis über Nacht in dem Wasser einweichen; dann zum Kochen bringen und bei schwacher Hitze in 30 bis 40 Minuten ausquellen lassen. Eventuell noch etwas Wasser zufügen. Den Reis auskühlen lassen und mit dem Honig und der Zitronenschale abschmekken. Die Schlagsahne vorsichtig unterziehen. Die Ananasscheiben schälen und den harten Strunk in der Mitte herausstechen. Die Kirschen waschen. Den Reissalat mit den Früchten garnieren und mit den Mandeln bestreuen.

Kleine kalte Gerichte

Wenn Sie die Hauptmahlzeiten eines Tages nach dem »Speiseplan für eine Woche Vollwerternährung« (Seite 74) auswählen, wird Ihnen auffallen, daß für den Abend häufig eines der folgenden Rezepte aufgeführt wird. Die Abendmahlzeit sollte immer die eines »Bettelmannes« sein, nicht die eines »Königs«.

Marinierter Handkäse

50 g Handkäse · ¼ Zwiebel · 1 Blatt Kopfsalat · 1 Teel. Obstessig · 2 Teel. Sonnenblumenöl · 1 Eßl. frisch gehackte Petersilie · etwas Kümmel

Den Handkäse und die geschälte Zwiebel in Scheibchen schneiden. Das Salatblatt waschen, trockentupfen und den Käse und die Zwiebelscheibchen darauf anrichten. Essig, Öl, Petersilie und Kümmel verrühren und über den Käse gießen.

● Dazu paßt: Vollkornbrot oder Knäckebrot

Dänischer Käsesalat

1 Scheibe Edamer Käse (25 g) · 40 g Edelpilzkäse · 1 kleiner Apfel · 1 Blatt Kopfsalat · 2 Eßl. saure Sahne · ½ Eßl. Tomatenketchup · einige Tropfen Zitronensaft · je 1 Prise Ingwerpulver und frisch gemahlener weißer Pfeffer · 1 Zweig Petersilie · 1 kleine Tomate

Den Käse feinwürfeln. Den Apfel waschen, abtrocknen, vierteln, vom Kerngehäuse befreien, in kleine Würfel schneiden und mit den Käsewürfeln mischen. Das Salatblatt waschen, trockentupfen und die Käsemischung darauf anrichten. Die saure Sahne mit dem Ketchup, dem Zitronensaft, dem Ingwerpulver und dem Pfeffer würzig abschmecken und darübergießen; mit der Petersilie und Tomatenachteln garnieren.

● Dazu paßt: kräftiges Vollkornbrot

Sellerieschiffchen, mit französischer Käsecreme

30 g Roquefortkäse · 2 Eßl. Magerquark · 2 Teel. weiche Butter · ¼ Zwiebel · nach Geschmack 1 Prise Meersalz und frisch gemahlener weißer Pfeffer · 2 kleine Stangen Staudensellerie · 1 kleine Tomate · ¼ Salatgurke oder 1 kleine Zucchini

Den Roquefort mit einer Gabel zerdrücken; den Quark und die Butter zufügen. Die Zwiebel in kleine Würfel schneiden und unter die Käsecreme mischen; mit Salz und Pfeffer abschmecken. Die Selleriestangen gründlich waschen, abtrocknen, die Stielenden entfernen, eventuell Fäden abziehen und die Stangen in etwa 6 cm lange

Rezepte aus der Vollwertküche

Stücke teilen. Die Käsecreme in den Sellerie füllen. Die Tomate und die Gurke oder Zucchini waschen, in Scheiben schneiden und die Creme damit garnieren.

● **Unser Tip:** Spritzen Sie die Käsecreme mit einem Spritzbeutel mit Sterntülle auf die Selleriestangen.

Gefüllte Tomaten

2 Tomaten · je 1 Prise Meersalz, frisch gemahlener weißer Pfeffer und getrockneter Oregano · 50 g Kräuterfrischkäse · 1 Eßl. saure Sahne · 1 Teel. frisch gehackte Kräuter · je ¼ Salatgurke und Zwiebel · 1 Blatt Kopfsalat · 1 Zweig Petersilie oder Dill

Die Tomaten waschen, abtrocknen und Deckel abschneiden. Das Innere aushöhlen. Die Tomaten innen mit Salz, Pfeffer und Oregano würzen. Den Frischkäse mit der sauren Sahne und den gehackten Kräutern mischen. Die Gurke und die Zwiebel schälen, beides in kleine Würfel schneiden und mit der Käsecreme verrühren. Das Salatblatt waschen und trockentupfen. Die Tomaten daraufstellen und mit dem Käse füllen. Die Tomatendeckel auflegen, mit dem Petersilie- oder Dillzweig garnieren.

● **Unser Tip:** Das ausgehöhlte Tomateninnere können Sie später noch für eine Sauce oder für Zwiebelsuppe (Seiten 35, 100 und 94) verwenden.

Tatar

Zutaten für 2 Portionen:
1 kleine Zwiebel · 1 kleine Gewürzgurke · 125 g Tatar · 1 Ei · je 1 Prise Meersalz, frisch gemahlener schwarzer Pfeffer und edelsüßes Paprikapulver · 2 Scheiben Vollkornbrot · 2 Teel. Butter · ½ Teel. Kapern

Die Zwiebel schälen, aus der Mitte 1 Scheibe schneiden und in Ringe teilen, den Rest der Zwiebel und die Gurke feinhacken. Das Tatar mit den Zwiebel- und Gurkenstückchen, dem Ei, dem Salz, dem Pfeffer und dem Paprika mischen. Auf dem mit Butter bestrichenen Vollkornbrot anrichten, mit den Zwiebelringen und den Kapern garnieren.

● **Unser Tip:** Aus übriggebliebenem Tatar können Sie Küchlein formen und in der Pfanne mit wenig Olivenöl braten.

Champignon-Tomaten-Brot

1 Scheibe Vollkornbrot · je 1 Teel. Butter und Hefe-Extrakt (Vitam-R) · 1 Tomate · je 1 Prise getrockneter Oregano und Kräutersalz · 1 Scheibe Emmentaler Käse (etwa 35 g) · 2 große Champignons

Die Brotscheibe toasten, mit der Butter und dem Hefe-Extrakt bestreichen. Die Tomate waschen, in Scheiben schneiden und auf das Brot legen, mit dem Oregano und dem Kräutersalz würzen. Den Käse darauflegen. Die Champignons putzen, waschen, vierteln, leicht würzen und das Brot damit belegen. Den Toast im vorgeheizten Grill kurz überbacken, bis der Käse schmilzt.

● Dazu paßt: Bauern-Salat (Seite 89).

Zum Nachschlagen

Bücher, die weiterhelfen

Fasten und Aufbauzeit

Bachmann, Dr. med. Robert M., *Gesund & fit durch Darmreinigung;*

Lützner, Dr. H., *Wie neugeboren durch Fasten;*

Pfeiffer, Dr. med. Amrei. *Magen und Darm natürlich heilen;*

alle Titel: Gräfe und Unzer Verlag, München.

Vollwerternährung

Baumgärtner u.a., *Das große GU Vollwert-Kochbuch No. 2;*

Cramm, Dagmar v., *Kochvergnügen vegetarisch;*

Döpp, Elisabeth; Willrich, Christian; Rebbe, Jörn, *Korn & Co.*

Elmadfa, Professor Dr. I. und Mitarbeiter, *Die große GU Nährwert-Tabelle; Die große GU Vitamin- und Mineralstoff-Tabelle; GU Kompaß Nährwerte;*

GU Küchenbibliothek, *Gemüse;*

Hopfenzitz, Petra, *GU Kompaß Mineralstoffe;*

Klevers Kalorien-Joule-Kompaß;

Rias-Bucher, Barbara, *Vollwert-Backvergnügen wie noch nie; Kochvergnügen vollwertig; Vegetarisch genießen;*

Rittlinger, Eva, *Vegetarisch kochen – köstlich wie noch nie;*

Unger-Göbel, Ulla, *GU Kompaß Vitamine;*

alle Titel: Gräfe und Unzer Verlag, München.

Danner, Helma, *Biologisch Kochen und Backen;* Econ Verlag, München.

Leitzmann, C; Million, H., *Vollwertküche für Genießer;* Falken Verlag, Niedernhausen.

Linning-Fölsing, Hannelore, *Leben aus Vollwert;* Verlag Vollwerternährung, Schramberg.

Vollwerternährung bei Schwangerschaft und für Kinder

Cramm, Dagmar v. *Kochen für Kleinkinder;* Gräfe und Unzer Verlag, München.

Danner, Helma, *Die Bio-Kost für mein Kind;* Econ-Verlag, München.

Liechti v. Brasch, Dr. med. Dagmar, *Gesunde Schwangerschaft – Glückliche Geburt;* Bircher-Benner-Verlag, Bad Homburg.

Heilnahrung

Bircher-Benner-Handbücher, *Schlank – schön – gesund* und *Frischsäfte und Rohkost;* Bircher-Benner-Verlag, Bad Homburg.

Bruker, Dr. M.O., *Unsere Nahrung – Unser Schicksal;* emu Verlag, Lahnstein.

Lützner, Dr. H. / Million, H., *Rheuma und Gicht – Selbstbehandlung durch Ernährung;* Gustav Fischer-Verlag, Jena / Stuttgart.

Rauch, Dr. E., *Die Darmreinigung. Nach Dr. F.X. Mayr;* Haug Verlag, Heidelberg.

Schnitzer, Dr. J.G., und M., *Schnitzer-Intensivkost – Schnitzer-Normalkost;* Schnitzer Verlag, St. Georgen.

Grundprinzipien der Vollwerternährung

Koerber, Männle, Professor Leitzmann, *Vollwert-Ernährung;* Haug Verlag, Heidelberg.

Kollath, Professor W., *Die Ordnung unserer Nahrung;* Haug Verlag, Heidelberg.

Seelische Hintergründe

Pearson, Dr. L. und L., *Psycho-Diät;* Rowohlt-Verlag, Reinbek.

Küchen- und Wildkräuter, Heilpflanzen

Pahlow, Mannfried, *GU Kompaß Kräuter und Wildfrüchte;* Wildkräuter, Wildgemüse und Beeren – kennenlernen und sammeln;

Pahlow, Mannfried, *Heilpflanzen – meine besten Rezepte; Das große Buch der Heilpflanzen;*

Rau, Heide, *Kräuter im Garten; Küchenkräuter auf Balkon und Terrasse;*

Recht, Christine, *GU Kompaß Küchenkräuter;*

alle Titel: Gräfe und Unzer Verlag, München.

Rezeptregister

Kursive Seitenzahlen verweisen auf Abbildungen.

Sachregister

Wir danken der Firma KARE, München, für Leihgaben beim Styling der Fotos.

Bildnachweis

Hans E. Laux: Seite 63
Mauritius/Coll: Seite 10
Michael Nischke: Seite 19, 39, 42, 51
Rainer Schmitz: U4, Seite 6/7, 14/15, 26, 54, 60/61, 68–72, 79, 87, 93, 99, 105; Foodstyling Rudolf Vornehm
Styling Jeanette Heerwagen: Seite 6/7, 14/15, 19, 39, 42, 51
Fotostudio Teubner: Vignetten Seite 26–37, 81–108
Heinrich von Walderdorff und GU-Archiv: Titelbild
Georg M. Wunsch: Seite 46

Impressum

Inhaltlich unveränderte Neuausgabe von *Richtig essen nach dem Fasten*. Gräfe und Unzer Verlag GmbH 1994.
ISBN 3-7742-2197-9

Redaktion: Doris Schimmelpfennig-Funke
Überarbeitung und Bildredaktion: Felicitas Holdau
Layoutkonzept: Heinz Kraxenberger
Herstellung: Walter Lachenmann, Ina Hochbach
Satz: Oreos, Waakirchen
Reproduktion: Weissenberger, München

Printed in Italy

ISBN 3-7742-3207-5

Auflage	4.	3.	2.	1.
Jahr	02	01	2000	99